本书出版由中共上海市教育卫生工作委员会 上海市教育委员会 上海市教育发展基金会
2019年度“阳光计划”项目资助，项目编号：19YG46

高校思想政治教育第二课堂建设研究

梅鲜◎著

上海三联书店

目　录

中文摘要 1

Abstract 1

引言 1

一、问题的缘起 1

1. 思想政治教育第二课堂和第一课堂 1

2. 思想政治教育第二课堂与隐性教育或无意识教育 5

3. 思想政治教育第二课堂建设亟需总体架构 7

二、既有的研究及主要观点 8

1. 思想政治教育第二课堂相关研究 8

2. 国内外有关潜在课程的研究状况 14

三、研究思路和主要结构 16

1. 研究思路和主要方法 16

2. 文章主要结构 17

第一章　思想政治教育第二课堂建设的理论基础 19

一、思想政治教育第二课堂涵义界定 19

1. 思想政治教育第二课堂涵义 19

2. 思想政治教育第二课堂建设的理论指导 23

二、思想政治教育第二课堂建设的教育理念分析 26

1. 教育理念分析 26

2. 知识论(认识论) 31
3. 课程与教学基本原理分析 32
三、基于心理学的理论基础分析 37
1. 行为主义学习理论分析 37
2. 人本主义学习理论分析 38
3. 认知学习理论分析 40

第二章　我国高校思想政治教育第二课堂建设历史沿革 47
一、当代思想政治教育第二课堂初步形成时期(1978—2004) 48
1. 思想政治教育政策 48
2. 思想政治教育第二课堂形式 53
二、思想政治教育第二课堂蓬勃发展时期(2004 至今) 55
1. 思想政治教育政策 55
2. 思想政治教育第二课堂形式 56

第三章　思想政治教育第二课堂目前取得的成绩 58
一、思想政治教育第二课堂现有组织架构 58
1. 学生党组织 58
2. 学生团组织 59
3. 学生组织 60
二、思想政治教育第二课堂现行制度和相关政策 61
1. 国家政策 61
2. 学校政策 63
3. 活动政策 63
三、思想政治教育第二课堂形式和内容 66
1. 主题活动教育 66
2. 社会实践教育 72
3. 志愿服务教育 75
4. 科技创新教育 79

5. 校园文化建设 83
6. 心理教育 87
四、思想政治教育第二课堂教师配备 90
1. 总体要求 90
2. 具体配备情况 90
五、社会联系网络现状 91
1. 政府机构联系 91
2. 社区联系 93
3. 企业以及社会公益组织联系 94

第四章　思想政治教育第二课堂现有问题及原因分析 96
一、思想政治教育第二课堂组织架构问题分析 96
1. 传统组织活力不足 96
2. 社团组织需要规范 96
二、思想政治教育第二课堂现行制度和相关政策缺陷 98
1. 缺乏学校层面整体设计 98
2. 各校物质投入不均衡 98
3. 大学生思想政治教育专职队伍的激励和保障机制难以落实 99
三、思想政治教育第二课堂教师力量缺乏 99
1. 难以胜任总体设计角色 100
2. 大量缺乏项目实施角色 100
四、社会联系网络问题 102
1. 缺乏长效机制 102
2. 思想政治教育功能认证环节匮乏 103

第五章　国外高校相关教育进展情况解析 104
一、美国大学中第二课堂现状分析 104
1. 教育理念 104

2. 制度安排 108
3. 第二课堂设置 110
二、新加坡大学中第二课堂现状分析 114
1. 教育理念 114
2. 制度安排 116
3. 第二课堂设置 119

第六章　我国高校思想政治教育第二课堂形态构建 125
一、高校思想政治教育第二课堂理念支撑 125
1. 全面发展原则 127
2. 自由发展原则 129
3. 具体实践原则 129
二、高校思想政治教育第二课堂制度建设 131
1. 课程标准的逻辑依据 131
2. 课程性质和内容目标 132
3. 教学组织方式 134
三、高校思想政治教育第二课堂政策举措 135
1. 政策自身状态 135
2. 政策因素配合度 138
四、高校思想政治教育第二课堂评估体系 140
1. 课程评价本质 140
2. 学生为主体的评价体系 142

第七章　我国高校思想政治教育第二课堂实施 144
一、主题教育的内容及实施 146
二、社会实践的内容及实施 151
三、校园文化的内容及实施 162

结语 171

参考文献 172
一、期刊论文 172
二、学位论文 193
三、专著 196
四、其他 197

后记 198

中 文 摘 要

第二课堂作为与第一课堂功能预设有所不同、但又互动互补的一种教育形态，近年来越来越引起教育界人士的关注，同时也激发起学生的兴趣。可以认为，第二课堂本身所具有的随机性、隐蔽性、渗透性、自主性等特征，在促进学生自由而全面的发展方面，有着第一课堂并不具备的功能与优势，这种相互补充、相互渗透的教育影响力，规定着学校教育必须注意将第一课堂与第二课堂有机地结合起来。然而，从理论与实践相统一的视角审视思想政治教育第二课堂的建设，在看到取得一定成绩的前提下，我们还是能发现目前存在一定的问题，这些问题中不仅包含着理论研究方面的不足，而且显现出实践方面的不足。当然，其实这两方面是相互联系的，不成熟的理论总是与不成熟的实践相勾连，由于人们对思想政治教育第二课堂建设的重要性和必要性还缺乏足够的认识，第二课堂在理念确立、理论探索、制度建设、政策支持、组织体系构建、活动形态多样化和丰富性等诸多方面，还有许多课题值得研究。如何在总结思想政治教育第二课堂建设的经验与教训的基础上，探寻第二课堂建设的有效形态，成为本论文研究的主要动机。

按照《现代汉语词典》的解释，理论都是一种客观上的规划，是人们由实践概括出来的关于自然界和社会的知识的有系统的结论。没有理论指导的实践活动最终会成为盲目的实践，会偏离其最初的方向，就思想政治教育第二课堂的建设来说寻求相关的理论体系支撑，在整体构架的过程中能够更好地为其本质目的服务。我们认为思想政治教育的第二课堂在总体架构的过程中，需要包括基础理论研究；形成第二课堂自身的理念，为总体的方向把握提供准备；同时，思想政治教育第二课堂以怎样的制度和体制安排来构建，需要哪些政策方面的支持，以及思想政治教育第二课堂本身的活动内容，诸如活动仪式的构建、活动规则的制定、过程的实施需要整体规划；另外还有思想政治教育第二课堂的师资培养问题以及新的社会联系网络的建立规划等几个方面。

本文从思想政治教育课堂教学理论基础分析开始。首先从思想政治教育途径分析入手，解决了思想政治教育第二课堂的定义问题，将研究的范围明确划定，确立思想政治教育第二课堂的教育范围。同时针对思想政治教育第二课堂教学的科学性问题从教育学和心理学基础两个部分展开理论分析，为思想政治教育第二课堂寻求理论基础，构建教学框架。在分析思想政治教育历史沿革和现状的基础上，借鉴美国、新加坡等国家的现实经验，构建整体的思想政治教育第二课堂有效形态，从教育理念支撑、制度建设、政策举措和评估体系四个方面提出相应的对策和实施方案。

Abstract

The second classroom, i.e. extracurricular activities and practical training, is a kind of education different from and complementary to the first classroom, i. e. standard curricular education. In recent years, more and more educators pay attention to the second classroom, and at the meantime, students are getting more and more interested in it. Therefore, the characteristics of the second classroom, such as its mobility, concealment, permeability and autonomy, enjoy many functions and advantages which cannot be found in the first classroom. Furthermore, these functions and advantages can promote a kind of more independent and thorough development of students. Thus, this complementary and interpenetrating influence draws the educators' attention to the combination of the first and second classrooms. However, from the perspective of the unity of theory and practice, the building of second classroom in ideological and political education still has certain problems at present, in spite of some achievements. These problems include the lack of not only theoretical studies but also practices. Certainly, these two aspects are connected. An immature system of theory is always connected with a lack of practice. Because of an incomplete recognition of the importance and necessity of second classroom building in ideological and political education, there are many potential research topics in this field, such as the clarity of definitions and concepts, the researches on theory, the function of policy support, the mechanism of organizational system and the varying formats and contents of the activity. The crucial motive of this dissertation is to discover effective means of second classroom building on the basis of summarizing useful experiences of ideological and political education.

According to *Modern Chinese Dictionary*, theory is always a kind of objective planning which is the systematical conclusion of the knowledge in nature and society summarized from practice. The practical activity without the guidance of theory will turn out to be blind action which will deviate from its original direction. In terms of the building of the second classroom in ideological and political education, the support from relevant theories will perfectly serve its essential purpose in the process of general system formation. Moreover, in this process, it is necessary to include researches on basic theory and independent concepts of the second classroom, which will depict the general outline of the research. Meanwhile, it is also important to figure out questions such as according to what kind of system and institutional structure the second classroom education can be built, what kind of policy support is needed in this process and what contents will be provided in terms of the planning of rituals, rules, procedures of the activity. In the end, the issues of the training of teachers and the establishment of new social connections cannot be ignored.

This dissertation starts from basic analysis of educational theories in the second classroom. First of all, from the viewpoint of the means of ideological and political education, it defines the second classroom in order to specify the research scope of this dissertation as well as the education scope of the second classroom in ideological and political education. At the same time, as for the scientific methods in second classroom education, it applies basic theories in pedagogic and psychology, aiming at establishing its theoretical foundation and educational framework. On the basis of analyzing both the history and the status quo of ideological and political education, it also refers to practical experiences in some countries and areas such as the U.S., Singapore, Hong Kong and Taiwan. Besides, this dissertation tries to form an effective structure of the second classroom education and proposes countermeasures and implementation in terms of the support from educational concepts, the building of institution, the adoption of certain policies and the establishment of evaluation system.

引　言

一、问题的缘起

第二课堂作为与第一课堂功能预设有所不同、但又互动互补的一种教育形态，近年来越来越引起教育界人士的关注，同时也激发起学生的兴趣。可以认为，第二课堂本身所具有的随机性、隐蔽性、渗透性、自主性等特征，在促进学生自由而全面的发展方面，有着第一课堂并不具备的功能与优势，这种相互补充、相互渗透的教育影响力，规定着学校教育必须注意将第一课堂与第二课堂有机地结合起来。然而，从理论与实践相统一的视角审视思想政治教育第二课堂的建设，在看到取得一定成绩的前提下，我们还是能发现目前存在一定的问题，这些问题中不仅包含着理论研究方面的不足，而且显现出实践方面的不足。当然，其实这两方面是相互联系的，不成熟的理论总是与不成熟的实践相勾连，由于人们对思想政治教育第二课堂建设的重要性和必要性还缺乏足够的认识，第二课堂在理念确立、理论探索、制度建设、政策支持、组织体系构建、活动形态多样化和丰富性等诸多方面，还有许多课题值得研究。如何在总结思想政治教育第二课堂建设的经验与教训的基础上，探寻第二课堂建设的有效形态，成为本论文研究的主要动机。

1. 思想政治教育第二课堂和第一课堂

思想政治教育这个概念可以从不同的层面去理解，最普遍的对于思想政治教育的理解至少可以分成三个层面。首先思想政治教育是一个学科，是关于思想政治教育活动规律，研究人的思想形成、变化发展规律以及两者之间相互关系及其与社会交互作用的知识体系，是马克思主义理论一级学科范围内唯一一个从本科生培养、硕士生培养到博士生培养不间断的二级学科；其次，思想政治教育是一个专业，是专门在高校培养思想政治教育相关专业人才的组织形态，它借助思想政治教育学科的知识体系来培养专业人才；第三，思想政治教育是一种教育活动，无论其作为学科还是专业，思想政治教育最终都要回归到一种影响人、教育人、塑造人的目的当中，为培养社会主义初级阶段建设人才服务，在《中共中央国务院关于进一步加强和改进大学生思想政治教育的意见》（中发[2004]16 号文）中明确提出，思想政治教育是为了提高当代大学生的“思想政治素质，把他们培养成中国特色社会主义事业的建设者和接班人，对于全面实施科教兴国和人才强国战略，确保我国在激烈的国际竞争中始终立于不败之地，确保实现全面建成小康社会、加快推进社会主义现代化的宏伟目标，确保中国特色社会主义事业兴旺发达、后继有人，具有重大而深远的战略意义”。由此可以看出，思想政治教育最终落脚为一种教育活动，而这种教育和其他的一些学科、专业完全不同，其直击教育本质，其教育过程的延续性和深入性没有任何学科抑或专业可以媲美，它直接或间接地影响到每一个学校、每一个学生以及社会当中的每一个人。思想政治教育目标的宏大性决定了其内容的广泛性，大学生思想政治教育的主要任务是以理想信念教育为核心，深入进行树立正确的世界观、人生观和价值观教育；以爱国主义教育为重点，深入进行弘扬和培育民族精神教育；以基本道德规范为基础，深入进行公民道德教育；以大学生全面发展为目标，深入进行素质教育。①

在第三个层面的理解下，思想政治教育落脚在教育活动，一般认

① 《中共中央国务院关于进一步加强和改进大学生思想政治教育的意见》（中发[2004]16 号文）。

为现在的学校教育除了课堂教育以外还有相应的课余教育，课堂教育一直以来是教育的主要途径——我们称之为第一课堂，高校思想政治教育的第一课堂根据十六号文件表述体现为高等学校思想政治理论课、形势政策教育和高等学校哲学社会科学课程三个类别。

高校思想政治理论课是大学生的必修课，要求每一个学生必须学习相关的理论，根据教育部2021年最新教学要求，一般高校设置五门必修课“中国近现代史纲要”“思想道德与法治”“毛泽东思想和中国特色社会主义理论体系概论”以及“马克思主义基本原理”和“形势与政策”五门课程。这五门课程通过系统的教学过程传授知识，用理论武装大学生，“引导大学生正确认识当今世界错综复杂的形势，把握国际局势的发展变化和人类社会的发展趋势”；“引导大学生正确认识国情和社会主义建设的客观规律”；“引导大学生正确认识肩负的历史使命”。①

“形势与政策”内容上一般介绍国际国内形势变化和学生关注的热点、难点问题。师资队伍除了学校本身相对固定的老师之外还有国家机关和地方党政负责人。高等学校哲学社会科学课程承担思想政治教育的职责。哲学社会科学中的绝大部分学科都具有鲜明的意识形态属性，在哲学社会科学教学中充分体现马克思主义中国化的最新理论成果，形成以当代中国马克思主义为指导的具有中国特色、中国风格、中国气派的哲学社会科学学科体系和教材体系。

而高等学校哲学社会科学课程负有思想政治教育的职责主要表现为一种隐性教育。由于哲学社会科学中的绝大部分学科都具有鲜明的意识形态属性，对于帮助大学生坚定正确的政治方向，正确认识和分析复杂的社会现象，提高思想道德修养和精神境界具有十分重要的作用。这些课程的思想政治教育功能就体现为坚持和巩固马克思主义在意识形态领域的指导地位，充分体现马克思主义中国化的

① 《中共中央宣传部　教育部关于进一步加强和改进高等学校思想政治理论课的意见》（教社政[2005]5号）。

最新理论成果，用科学理论武装大学生，用优秀文化培育大学生。根据中国传统文化对老师的界定，以及现代教育学本身研究成果，老师传授的不仅仅是知识和技能，更多的是人的教育。通过规范一般课程的老师的言行，也是思想政治教育课堂教育的另一个重要方面。

由此可见，正规的课堂教学即第一课堂在思想政治教育活动当中主要功能就是结合显性教育和隐性教育，课程化、系统化地用马克思主义中国化理论武装大学生，最终使得大学生能够从知识上完善自己，帮助大学生树立正确的世界观、人生观、价值观。

但是，第一课堂提供的是理论知识，无法满足实践的需求。仅仅依靠第一课堂来推进思想政治教育工作，在理论联系实际、学生自发参与、效果可持续性等具体方面都将存在不足。同时，第一课堂在时间、空间和教学形式上的缺陷也限制了理论教学成果的深化巩固。因此，把大学生培养成为德智体美全面发展的中国特色社会主义事业的建设者和接班人这个目标在课堂上是无法直接完成的。于是，运用“第二课堂”这个概念来应对思想政治教育本身的目标，第二课堂本身不是思想政治教育的专属概念，借用谢相勋对第二课堂的定义：“第二课堂是针对第一课堂而言具有素质教育内涵的学习实践活动，即学生在教学计划规定课程之外自愿参加、有组织进行的各类活动。”①第二课堂首先具有补充课堂教学的理论实践功能，同时也具备完善学生知识需求以外的其他教育需求的功能，尤其随着当代教育中以人为本的教育理念不断实践，第二课堂已经成为学生全面发展不可替代的一种学校教育。第二课堂本身是教育学范畴的概念，它是现代教育理念下不断发展的教育手段和途径，其自身具有德育、智育、美育等全方位的教育功能，而思想政治教育第二课堂则是我们抽象出来的具有思想政治教育功能的那部分有效途径，比如社会实践、校园文化、网络环境、心理健康教育、党团组织建设、班级社团活

① 《高校第二课堂活动课程研究》，谢相勋，四川大学出版社，2012年10月。

动等等都是思想政治教育第二课堂的表现形式，是大学生自我教育、自我管理、自我服务的组织载体，这些不同于课堂教育的教育途径发挥了大学生自身的积极性和主动性，取得了思想政治教育课堂教育所不能及的效果。

这些丰富多样教育形式承担的思想政治教育功能是在掌握第一课堂所传授的理论知识的前提下，促进大学生了解社会、了解国情，增长才干、奉献社会，锻炼毅力、培养品格，增强社会责任感，培养大学生的劳动观念和职业道德；同时把德育与智育、体育、美育、劳育有机结合起来，培养大学生良好的心理品质和自尊、自爱、自律、自强的优良品格，增强大学生克服困难、经受考验、承受挫折的能力，从实践的角度帮助大学生树立正确的世界观、人生观、价值观，使他们能够成为德智体美劳全面发展的中国特色社会主义事业的建设者和接班人。这样的现实告诉我们，在思想政治教育的过程中，不同的教育形态有着不同的功能，他们应该是互补的、契合的，思想政治教育需要第一课堂和第二课堂一起，更加全面地从大学生学习生活的各个方面深入实现教育过程，第二课堂不是第一课堂的附属部分，而是思想政治教育本身的要求，只有涵盖了第一课堂和第二课堂的思想政治教育才是高校思想政治教育的全部。思想政治教育第二课堂不同于思想政治理论课的实践教学部分，是具有思想政治教育功能的课堂教育以外的学校教育。

思想政治教育第一课堂和第二课堂互为补充、相互促进，这两者互相不可替代，互不从属，缺一不可。

2. 思想政治教育第二课堂与隐性教育或无意识教育

隐性教育或无意识教育就是指受教育者不知不觉受到影响的教育方式。隐性教育是和显性教育相对应的一个概念，正如无意识教育和有意识教育相对应一样，显性教育或者有意识教育有明确的教育目标、教育内容、教育方案、教育主体和教育对象，重点是教育对象在清楚地意识到自己身份的同时也大致知道教育目标、教育内容和教育方案，针对思想政治教育来说显性教育和有意识教育“是指充分利用各种公开手段、公开场所，有领导、有组织、有系统的思想政治教育方法”①，具有集中组织、目的明确、有一定强制性等特点。而隐性教育则淡化教育对象的角色意识，将教育内容渗透到日常氛围当中，隐藏教育目的，引导教育对象去接受教育，以潜移默化的教育方式达到改变教育对象行为模式的目的。思想政治教育当中的隐性教育或无意识教育，指的是将思想政治教育内容以教育对象易于接受的形式渗透到其日常生活当中，是他们在没有意识到思想政治教育目的的过程中不知不觉地接受教育。隐性思想政治教育特征主要有：(1)广泛的渗透性，(2)潜隐的影响力，(3)无意识获得的教育价值。②

思想政治教育隐性教育或者说无意识教育和思想政治教育第二课堂的关系可以这样来看待，思想政治教育第二课堂当中很大一部分教育形式以隐性教育的面目出现，具有明显的隐性教育特点，但是另一部分则不同，是高举旗帜的显性教育。

对于思想政治教育第二课堂来讲，有时候在实施的过程中是不强调其思想政治教育本身的性质的，强调在环境的影响下，不知不觉地影响每一个学生，比如说志愿服务，在目前的教育框架下，志愿服务为了能够更好地吸引学生参与，提出了符合时代特征的口号“志愿是一种时尚的生活方式”，在形式上抹去其强烈的思想政治教育色彩，激发教育对象的兴趣，使他们在毫无强制的情况下接受教育内容，并养成奉献社会的品质，推进公民道德教育。

但是思想政治教育第二课堂也并不都是隐性教育，在第二课堂教育当中，有一类重要的教育形式被称作主题教育，其教育目的被明确地提出来，以主题的形式呈现在教育对象面前，只是在实施的过程中，以学生能够接受的方式，以更加符合学生思维特点的活动对学生实施教育，学生是有意识地接受这样的教育的。

① 王瑞荪.比较思想政治教育学[M].北京：高等教育出版社，2001：287.
② 王艳秋.隐性思想政治教育课程论[D].华中师范大学，2007年4月：1.

3. 思想政治教育第二课堂建设亟需总体架构

正如前文论述，我们把具有思想政治教育功能的第二课堂界定为思想政治教育第二课堂，思想政治教育第二课堂作为重要的教育途径就引发了一系列相关的问题。简单举例来说什么是思想政治教育第二课堂？高校思想政治教育第二课堂存在的理论基础是什么？高校思想政治教育第二课堂教学效果目标设计是什么以及承担哪些教育职能？思想政治教育第二课堂作为教育过程的教学论分析如何？高校思想政治教育第二课堂标准如何制定？高校思想政治教育第二课堂师资及其角色如何承担？高校思想政治教育第二课堂教育内容的选择、排序组织及优先处理方式是什么？高校思想政治教育第二课堂教育过程如何构建？这一系列的问题都立刻出现在思想政治教育第二课堂概念提出以后。

思想政治教育第二课堂面对这些问题在目前来说已有的更多地是实践上的答案，在高校诸多从事思想政治教育的专业人士的共同努力下，思想政治教育第二课堂本身虽然没有如课堂教学一般严格的教学理论依据，但是也呈现出根据我国高校学生现实情况以及我国高等教育不断发展状况逐步展开的各种实践过程，在现实中也取得了很多相关的经验和成果，在第二课堂的不同方面也有非常多的理论提升，但是如何用理论来全面指导和设计思想政治教育第二课堂的实践始终是一个非常严峻的问题。

按照《现代汉语词典》的解释，理论都是一种客观上的规划，是人们由实践概括出来的关于自然界和社会的知识的有系统的结论。没有理论指导的实践活动最终会成为盲目的实践，会偏离其最初的方向，就思想政治教育第二课堂的建设来说寻求相关的理论体系支撑，在整体构架的过程中能够更好地为其本质目的服务。结合上文提出的现实性问题和教育的一般规律，我们认为思想政治教育的第二课堂在总体架构的过程中，需要包括基础理论研究，这里面可以运用教育学和心理学已有的研究成果；形成第二课堂自身的理念，为总体的方向把握提供准备；同时，思想政治教育第二课堂以怎样的制度和体制安排来构建，需要哪些政策方面的支持，以及思想政治教育第二课堂本身的活动内容，诸如活动仪式的构建、活动规则的制定、过程的实施需要整体规划；另外还有思想政治教育第二课堂的师资培养问题以及新的社会联系网络的建立规划等几个方面。

在这样的认知前提下，思想政治教育第二课堂研究就成为了本文选题。借用托克维尔的话来说那就是思想政治教育第二课堂是思想政治教育的“当代主题”——是“公众感兴趣我也感兴趣的只有我们时代的事”。其次，作为思想政治教育研究者，结合我个人十年的相关工作经历，我对于思想政治教育第二课堂本身的研究非常感兴趣，这“不仅因为需要找一个公众感兴趣的主题，尤其因为需要发现一个能使我自己也为之振奋并为之献身的主题”。再次，这个题目能够让我有一种方法论上的挑战，即思想政治教育第二课堂研究这个主题能够给我提供一种手段，它有助于我把“事实与思想”结合起来。

二、既有的研究及主要观点

1. 思想政治教育第二课堂相关研究

鉴于思想政治教育的提法是中国特色社会主义建设教育的重要特点，国外一般不直接使用思想政治教育这个概念，故此直接针对思想政治教育第二课堂的文献综述在这个部分我不做展开，将在接下来的潜在课程和隐性教育里面做出相关分析。目前，在国内思想政治教育领域专注于研究第二课堂的学者并不多，针对论述思想政治教育第二课堂的学术专著缺乏，仅有早期少量针对第二课堂的学术专著。蔡克勇和冯向东编著的《大学第二课堂》(人民教育出版社，1988 年)，提出了“第二课堂”这个概念，在此书中他们对第二课堂的功能进行了比较全面的阐述。王国辉、陈明、周志强和张慧春合著的《高等教育第二课堂素质拓展学分化研究》(辽宁大学出版社，2006 年 9 月)，从学分制的角度对第二课堂进行了研究。谢相勋《高校第二课堂活动课程研究》(四川大学出版社，2012 年 10 月 1 日第 1 版)针对高校第二课堂在育人体系中被边缘化、效果较差等状况，创造性地提出用“课程”的理念将第二课堂活动课程化，依托学生社团组织实施第二课堂活动课程，构建了具有鲜明特色的高校第二课堂活动课程实践教学模式。总体来讲直接针对思想政治教育第二课堂的学术专著还相当缺乏。

在中国知网-中国优秀博硕士学位论文全文数据库中检索主题为思想政治教育并含第二课堂的学术论文，有31条结果，其中真正涉及思想政治教育第二课堂概念的论文仅有杭州师范大学贺永锋的《新时期高校第二课堂的思想政治教育功能研究》，将检索关键词聚焦为“第二课堂”，则检索出相关论文18篇，除了上面的文章以外，全部都是针对其他学科学习内容的第二课堂研究。可以说我国博士和硕士在这方面研究相对较少，贺永锋的硕士论文《新时期高校第二课堂的思想政治教育功能研究》初步论证了第二课堂对于高校思想政治教育的意义，从第二课堂的导向功能、凝聚功能、调节功能、转化功能和开发功能等五个方面阐述了第二课堂的思想政治教育功能。认为国内外复杂的形势、各行业和部门呈现出的条块分割、高校评价体系的导向和相关制度的不健全以及网络虚拟空间的负面影响弱化了高校第二课堂思想政治教育功能。充分发挥高校第二课堂的思想政治教育功能应遵循方向性原则、灵活性原则、实效性原则、时代性原则、系统性原则、“以生为本”的原则。文章还指出要进一步发挥第二课堂的思想政治教育功能需要加强领导，完善制度，建立第二课堂持续发展的长效机制；精心设计，统筹安排，提高第一课堂的思想含量和针对性；整合资源，加强合作，不断拓展第二课堂的发展空间；深入研究，采取措施，提高广大师生参与第二课堂的内驱力；重点加强对学生社团和社会实践类第二课堂活动的管理和引导，发挥其示范和导向作用；相关部门要重视对网络的监管和建设，为高校思想政治教育营造良好氛围。

在中国知网中国学术期刊网络出版总库中检索主题为思想政治教育并含第二课堂的文章，以CSSCI和核心期刊为检索范围，只有42个检索结果，其中确实在题目中涵盖“思想政治教育”和“第二课堂”的文章只有3篇，分别是熊琳、李远煦、潘玉驹等人的《“菜单”模式第二课堂思想政治教育的功效》、刘大允的《基于优化第二课堂活动设计的大学生思想政治教育新模式探析》和王新华、刘永志的《以特色主题活动为载体创设思政第二课堂》。把检索范围扩大到全部期刊则可以检索到299条结果，但是题目中涵盖“思想政治教育”和“第二课堂”的文章也仅有27篇。这说明有关思想政治教育第二课堂的相关研究层次不高，研究并不充分。

熊琳、李远煦、潘玉驹等人在《“菜单”模式第二课堂思想政治教育的功效》一文里面提出要丰富“菜单式”第二课堂体系必须围绕着高校人才培养目标，从分析应用型人才的素质结构问题入手，了解学生对高校“第二课堂”活动的诉求，从而合理设置高校“第二课堂”教育项目菜单。刘大允在《基于优化第二课堂活动设计的大学生思想政治教育新模式探析》一文当中提出第一课堂是大学生思想政治教育的主渠道，而第二课堂的优势在于其自身的丰富性、互动性和实践性，优化第二课堂活动设计并构建以此为主要内容的大学生思想政治教育新模式需要首先从机制设计上增强思想政治教育的效果，其次从功能设计上促进解决思想问题与解决实际问题相结合，再次在内容设计上丰富思想政治教育的内涵。魏志渊、楼程富、毛一平在《高校第二课堂活动设计与探索》一文中提出设计第二课堂活动时要遵循五大原则，分别是目标性原则、自主性原则、多维性原则、有序性原则和可行性原则，同时归纳了第二课堂活动有五大类，分别是社会实践、学术文化活动、科研训练、学科竞赛和社会工作。梁景清、陈辉、蒙裕兴在《第二课堂教育的方法探析》中通过对广东工业大学第二课堂状况的调研，提出了改进第二课堂教育活动的开展模式和方法，认为应该增加对课余科研活动的投入，强化对学生社团的引导，加大针对科技学术和人文教育类活动的投入，充分加强社会实践活动的开展。黄培清在《第二课堂视角下的大学生思想政治教育模式探析》中提出大学生思想政治教育新模式的构建应遵循三个原则，立足促进大学生的全面发展、凸显平等交流与多重互动、着力于解决实际问题，从而在内容设计、机制设计和功能设计上满足丰富思想政治教育内涵、增强思想政治教育吸引力、提升思想政治教育实效的要求。王会玲在《对开展大学生思想政治教育课第二课堂的探讨》一文中简单论述了大学生思想政治教育课第二课堂的必要性，对大学生思想政治教育课第二课堂提出了一些建议，例如开展课余活动、网络博客教学，发挥班主任、辅导员作用和开展社会实践等等。党刘栓、张云云、陈俊在《发挥“第二课堂”的作用，加强大学生思想政治教育》一文中分析了第二课堂的作用是渗透影响、激励导向和实践锻炼，通过第二课堂能够更好地组织学生学习马克思主义、进行国情教育、开展主题教育、树立成才观以及进行专业思想教育和开展大学生科技活动。针对优化第二课堂提出了加强管理，积极推动理论学习，突出爱国主义、集体主义和社会主义教育，充分调动学生参与积极性的建议。陶景霞、罗咸辉、唐高华在《发挥第二课堂作用，推进大学生思想政治教育》中分析了第二课堂的优点是具有开放性、灵活性、广泛性，指出第二课堂符合学生的接受心理，陈述了第二课堂的一般形式，分析了第二课堂容易出现形式上散漫而失“神”、内容上做作而失“真”、操作上过于娱乐而失“效”并给出相应的建议。蒋惠琴、欧万斌在《基于第二课堂的大学生思想政治教育模式研究》里面认为当前第一课堂是大学生思想政治教育的主渠道，第二课堂有一些优势，探讨了社会参与模式、引导教育模式和平台促学模式等第二课堂的思想政治教育若干模式。吴冬梅、车照启在《重视和加强“第二课堂”对大学生思想政治教育的作用》一文中肯定了第二课堂的作用。毛克明在《思想政治理论课第二课堂教学的意义和内容》一文中指出第二课堂必须坚持学习科学文化与加强思想修养的统一、坚持学习书本知识与投身社会实践的统一、坚持实现自身价值与服务祖国人民的统一、坚持树立远大理想与进行艰苦奋斗的统一，通过开展专题讲座、社团活动、社会调查等形式，第二课堂已成为思想政治理论课教学的延续和补充。邵泽义、陈彪、蒋华林、张倩在《新形势下再论大学生思想政治教育“第二课堂”建设》当中指出“第二课堂”不仅是第一课堂的有效延伸，而且是第一课堂的重要组成部分。第二课堂具有方式灵活、便于操作的特点，是对大学生进行思想政治教育的重要载体。新形势下，大学生的思想道德正在发生嬗变，传统意义上的第二课堂不再与变化了的现实相适应。严毛新在《我国高校第二课堂活动的现状及对策》当中用市场的理论分析了第二课堂活动内容的供给与如何满足学生需求的关系。殷梅霞在《思想政治理论教育第二课堂的教学方法》一文中从教学设置、组织和管理，教学效果评估和信息反馈等方面论述思想政治理论课“第二课堂”教学的方式、方法。针对目前思想政治理论课第二课堂活动教学目的性和针对性不强、实际效果不理想的问题，提出在开展第二课堂教学活动时要特别注意科学地组织管理，建立良性的运行机制。

以上的相关文章均对第二课堂的思想政治教育功能进行了相关的分析和论述，但是并没有立足思想政治教育本身，将第二课堂作为思想政治教育的重要组成部分展开研究。同时，限于篇幅的限制，大部分研究都没有深入探讨思想政治教育第二课堂的概念，界定其理论内涵，对其存在的必要性缺乏有力的理论分析，相对于其现实情况也没有充分的谋划，缺乏理论深度和高度。

把第二课堂看作是思想政治教育第一课堂的补充，完善思想政治理论教育的作用的相关文章有何军的《优化高校第二课堂，推进当代中国马克思主义大众化》，它着重阐述的是第二课堂对于推进中国马克思主义大众化的重要作用。刘晓君在《关于思想政治理论课第二课堂的价值审视》里面界定了思想政治理论课第二课堂的外延，即在课堂教学计划之外开展的大学生思想政治教育活动，分析了思想政治理论课第二课堂的价值目标、价值功能和价值取向，强调了第二课堂的重要性。陈再生在《论高校思想政治理论课向第二课堂教学的延伸》一文当中指出高校思想政治理论课的课程性质及教学现状决定了要达到该课程的教学目标，必须探索提高课程教育教学效果的延伸渠道，以增强课程教育教学的针对性、实效性和说服力、感染力。第二课堂教学以其独特的优势成为延伸渠道的很好选择。而要实现这一延伸，不仅学校、教师和学生都必须承担相应的责任，而且要在两支队伍的结合、思想性与时代性的结合和实践教学等方面有所突破。

另外的一些文章在论述第二课堂的时候，均有不同的侧重，他们专注于某一个活动的第二课堂，进行了相对深入的分析。一般来说有几个方面，最多的是德育相关研究。比如张凤翠的《浅析第二课堂的德育功能》就从校园文化的角度分析了第二课堂在德育方面的功能。蔡红建的《融合思想政治教育三个课堂实现高校德育工作有机对接》一文针对高校德育提出了三个课堂的有机融合。把第二课堂作为素质教育主要途径的相关文章有以下四篇。蒋志勇的《浅析高校第二课堂的育人功能及其管理》，文中指出高校的第二课堂作为高等教育的重要组成部分，对大学生的综合素质培养起着重要作用，但由于认识的不到位和投入的不足，严重影响了第二课堂育人功能的发挥。高校只有认真分析第二课堂的现状，充分认识第二课堂的育人功能，科学规划和管理第二课堂，才能真正发挥其在全面推进大学生素质教育中的重要作用。李华、张旭东在《充分发挥第二课堂拓展大学生素质教育渠道》一文里面指出学生第二课堂是高等教育的重要组成部分，充分发挥它的实践教育功能将有效促进大学生素质的全面发展。涂俊才、杨胜勇、熊海林在《发挥第二课堂功效，促进大学生全面成长成才》一文中分析了华中农业大学开展第二课堂活动的情况，分析了其中存在的问题。况花容、刘波兰在《开展高校第二课堂提高学生综合素质》中认为高校第二课堂是大学生综合能力培养和锻炼的一个非常有效的平台。丰富和活跃“第二课堂”，能够不断提高学生的创新能力、实践能力，培养科学思维、拓宽专业知识、锻炼科研能力、强化团队协作精神，全面提高学生的素质与能力。

在这些论文当中也有就第二课堂某一个相关功能的分析，李新、勾志骞在《发挥第二课堂优势，推进大学生创业实践教育新发展》一文当中从第二课堂培养创新创业人才的角度分析了现在创业教育的发展。张富良、唐智霞在《高校德育的“第二课堂”——试析大学生社团的德育载体功能》一文当中，以大学生社团为切入点，着重分析了社团作为“第二课堂”的德育功能。

2. 国内外有关潜在课程的研究状况

第二课堂在教育学里面还有相似表述，如非正式课程、潜在课程以及隐性教育等等。同样，也对类似的研究做了相关的检索和分析，国外学者甚少研究中国的思想政治教育第二课堂本身，在这里我简要借用国外的潜在课程的概念整理国内学者针对思想政治教育潜在课程的研究。从国外潜在课程来看，相关的研究比较丰富，但是也正因如此形成了不同的流派甚至连潜在课程起源论也存在三种说法：一种认为是杰克逊 1968 年在其《课堂中的生活》首先提出；一种是 1970 年由奥弗利在其所编的《自发课程及其对儿童的影响》中提出的；还有一种是杜威的“同时学习”(Colateral learning)、“附带学习和副学习”中就蕴含了对潜在课程的认识。总体来说潜在课程的起源是由于 20 世纪 60 年代美国课程理论界对传统课程理论进行了反思和批判，潜在课程的研究才正式开启，此后逐渐形成了结构功能论、现象—诠释学、社会批判理论等流派。从空间跨度上可以分为微观、宏观两个层面。其中微观研究是将潜在课程限于学校之内，包括学生班级群体中的规则、规定和常规，表扬和批评，权力等；宏观研究则把潜在课程置于整个社会背景中，认为潜在课程由隐藏或渗透在学校组织结构、学生能力分组、课程实施方式及具体内容中代表着不同社会阶层利益的道德规范、行为准则、价值观念等构成，使潜在课程突破了学校范围而向社会渗透，两个层面相互交叉形成二维结构。

潜在课程的理论被充分运用到全世界各个国家和地区的类似教育当中，美国的公民教育尤其值得借鉴。我将在正文中针对不同国家和地区的类似教育做出相关分析。国内关于思想政治教育潜在课程的相关研究并不是非常多，直接针对思想政治教育潜在课程的书籍目前没有在图书馆或者书店里检索到，有一定相关性的公开出版的书籍有扶名福、王家芳等著的《大学潜在课程与人才成长》，主要是从学生个性全面发展的角度提出要充分利用潜在课程，在书籍的最后一章简要地提到了思想政治教育，提出因为潜在课程在人才培养方面具有整体性、非公开性、依附性、潜隐性、愉悦性和易接受性等特性，能够在人才培养过程中发挥独特的作用。其他的潜在课程相关书籍都是课程论方面的著作。

在中国知网-中国优秀博硕士学位论文全文数据库中检索主题为思想政治教育并含潜在课程或者隐性课程的学术论文，没有检索到潜在课程的相关文章，只检索到46篇有关隐性思想政治教育的硕士论文和1篇博士论文，而且这些论文的发表时间均在2006年以后，集中出现在2011年和2012年，这说明隐性教育已经开始引起思想政治教育专业学者的注意。在中国知网中国学术期刊网络出版总库中检索主题为思想政治教育并含潜在课程的文章，以全部期刊为检索范围，仅有2篇相关研究成果，分别是王宏伟《高校开展六个“为什么”学习的潜在课程价值初探》，钭利珍、叶清清《潜在课程：化解高校思想政治理论课教学实效性问题的着力点》，前一篇文章是把六个“为什么”学习作为潜在课程分析，后一篇文章指出潜在课程对学生的价值选择具有导向作用，对学生的道德行为具有规范作用，对学生的道德情感具有陶冶作用，对学生人格的形成具有塑造作用。开发潜在课程是加强和改进大学生思想政治教育理论课教学实效性的有效途径。为提高高校思想政治理论课教学的实效性，可以从开发思想政治理论课课内的潜在课程开始，逐步扩大到课外的潜在课程，从而有效化解高校思想政治理论课教学的实效性问题。其他的潜在课程就分散地研究了不同方面的内容，比如蒋玲、周璋斌、刘忠庆在《高校校园体育文化是素质教育中最理想的潜在课程》中侧重研究了素质教育中高校校园体育文化作为潜在课程的优势；王兆珍在《开发德育潜在课程：当今高校德育新的突破口》一文当中研究了德育潜在课程的特点和功能；林加挺、张本钰在《潜在课程与德育》当中认为要提高德育实效，必须充分挖掘潜在课程的德育功能；张伟在《试论素质教育中潜在课程的开发》里面指出，要成功地开发潜在课程，既要遵循系统化、序列化和潜藏化三种思想，也不能忽略构建环境网络、形成自主氛围和启动现代意识三个方面；毛克平在《高校潜在课程的德育功能探究》一文当中论述了潜在课程的起源与定义，探讨了高校潜在课程的四种德育功能。

而隐性教育在思想政治教育领域的期刊文章相对比较多，在这里不一一列举，但是这些研究和本文研究的重要差别是隐性教育顾名思义就是在不知不觉中使得受教育者被影响，但是思想政治教育第二课堂不是完全的隐性教育，在本研究中将充分借鉴他们的成果，构建科学的思想政治教育第二课堂。

三、研究思路和主要结构

1. 研究思路和主要方法

将思想政治教育第二课堂建设研究作为论文的研究主题，必然会发现目前思想政治教育理论界对于思想政治教育第二课堂概念本身还没有统一的认识和认定，所以本论文的第一要务即是尝试界定思想政治教育第二课堂的基本概念，确定其边界和内涵，为思想政治教育第二课堂划定其本身的教育范围。在此基础上寻求教育学和心理学相关的理论支撑，对影响思想政治教育第二课堂的教育和心理的要素进行梳理，分析其基本原理，将这些教育和心理的要素视为构成思想政治教育第二课堂存在必要性的基本要素，确立思想政治教育第二课堂的独立地位。在此基础上，梳理思想政治教育第二课堂的实践基础，探索其本身积累的丰富经验，同时分析其相关不足，构建科学的思想政治教育第二课堂框架。

在研究中运用了包括理论论证、比较分析与事实剖析相结合的方法展开论述。所参照的材料包括教育学、课程论以及心理学方面的一些著作。例如斯宾塞的《斯宾塞教育论著选》、David G. Armstrong 的《当代课程论》、Ralph W. Tyler 的《课程与教学的基本原理》、Anita Woolfolk 的《教育心理学》、班杜拉的《思想和行动的社会基础——社会认知论》、Lawrence A. Pervin 的《人格科学》等等，另有国内学术刊物上的诸多相关文章。

文中选取了有一定代表性的不同国家和地区的类同于思想政治教育的相关教育的第二课堂教育的案例，提供借鉴进行比较分析，并针对我国的思想政治教育第二课堂演变和现状进行综述，与其他国家和地区展开比较，最终构建科学的思想政治第二课堂形态。

2. 文章主要结构

引言部分：阐述了本论题的问题的缘起；学界对思想政治教育第二课堂的研究情况综述，主要分析了思想政治教育第二课堂本身的研究情况，同时也针对思想政治教育潜在课程以及隐性教育的部分做了相关的分析；论文的研究思路及基本内容；等等。

第一章：思想政治教育课堂教学理论基础分析。本章首先从思想政治教育途径分析入手，解决了思想政治教育第二课堂的定义问题，将研究的范围明确划定，确立思想政治教育第二课堂的教育范围。同时针对思想政治教育第二课堂教学的科学性问题从教育学和心理学基础两个部分展开理论分析，为思想政治教育第二课堂寻求理论基础，构建教学框架。

第二章：我国高校思想政治教育第二课堂历史沿革。本部分对我国高校思想政治教育历史做了阶段性的划分，通过这样的历史分析寻找我国高校思想政治教育第二课堂自身发展规律。

第三章：我国高校思想政治教育目前取得的成绩，从组织架构、现行制度和政策、形式和内容、教师配备以及社会联系网络现状等几个方面全面描述了我国高校思想政治教育第二课堂目前取得的成绩。

第四章：思想政治教育第二课堂现有问题及原因分析，应对上一章取得的成绩，提出相对应的不足，并分析原因，为下面构建思想政治教育第二课堂有效形态提供依据。

第五章：国外或境外相关教育理念和主要状况。本部分选择了美国、新加坡这两个具有代表性的国家和地区作为分析对象。以文献分析和实地调研的方式获得资料，分别将每一个国家或地区的情况按照教育理念、类同于思想政治教育的相关教育制度安排、相关第二课堂教育情况的结构展开论述。从教育理念的分析得出不同国家和地区其自身的教育里面类同于思想政治教育的部分，从相关的制度安排分析入手，获得思想政治教育的整体框架，最终聚焦其第二课堂教育状况，在分析其第二课堂的内容和形式的时候，没有全面铺开，而是选择了这些地方教育效果最显著，且最值得我国思想政治教育第二课堂建设借鉴的部分，以此分析我国高校思想政治教育第二课堂的现实情况与未来发展。

第六章：我国高校思想政治教育第二课堂形态构建。本部分在前文全面展开第二课堂现状和国际先进经验的借鉴基础上，构建整体的思想政治教育第二课堂有效形态，从教育理念支撑，制度建设，政策举措和评估体系四个方面提出相应的对策。

第七章：根据前面的整体研究得出我国高校思想政治教育第二课堂具体实施方案。

结言：最终整体回顾研究过程和结论。

第一章 思想政治教育第二课堂建设的理论基础

一、思想政治教育第二课堂涵义界定

1. 思想政治教育第二课堂涵义

就思想政治教育第二课堂的定义来说，我们需要从广义的第二课堂定义入手。广义的第二课堂教育就是除了课堂教育以外的学校教育。其教育主体是学校、教师和学生，教育客体是学生。教育过程在学校内和学校外的各种形式的课余活动中发生，最终达到改变学生行为的教育目的。但是这种广义的第二课堂的定义在传统意义上的理解是将第二课堂定位于课堂教学的补充和学校教育的附属和次要地位，主要是为了能够丰富学生课余生活，拓展学生的活动能力。出于将这种形式的学校教育区别于学校教育当中最重要的课堂教育本身，同时又体现出其学校教育的本质的目的，人们将其命名为“第二课堂”，形象地展示出其既是学校教育的组成部分又是从属于第一课堂的附属性。

课堂教育历来被认为是学生接受知识的主渠道，所以课堂教育历来受到普遍重视，甚至在某种程度上学校教育等同于课堂教育，这是由于在时间、教学硬件、师资等方面学校和课程设计部门均为课堂教育的开展给予极大保障。随着经济社会的发展，教育学不断地深入，课程论和教育心理学相继在各自领域取得理论突破，原先所指的高校的第二课堂活动范围逐渐扩大，涵盖到学生成长成才的每一个方面，第二课堂逐渐显现出其所具有的课堂教学无法替代的独特作用，仍然使用传统的第二课堂是课堂教学的附属观念来指导育人工作，仅仅认为第二课堂是第一课堂的点缀，是教学课堂以外的学校教育的附属品，已经不能完全体现第二课堂的教育作用，第一课堂和第二课堂的矛盾也逐渐显现。

那么究竟第二课堂发展到什么程度，如何去定义它就变成了一个重要的问题。学生在学校的时间远远不止上课的时间，这就形成了在课堂之外的，同样接受来自学校教育的大量活动，尤其是高校学生，在他们的日常生活中，由于高校的学习和生活是无法完全分开的，住宿制的学制安排，使得学生受到学校氛围的影响更为集中和明显，这种大量的课堂之外的教育有的是主动选择参与完成的，有的是在潜移默化之中被动完成的，这所有形式的课堂教育之外的学校教育就是我们认为的第二课堂。而思想政治教育目标涵盖的是学生成长的最终目标，那么简单来说，思想政治教育第二课堂就是要完成课堂教学所不能够完成的思想政治教育总体目标的那一部分，即广义的第二课堂当中具有思想政治教育功能的那一部分内容。我国高校的思想政治教育课程课堂教育主要完成学生对马克思主义基本理论的了解和对中国特色社会主义理论相关理论知识的初步接受，但是诸如对社会的认识与体验、社会实践能力的锻炼、优良人格的塑造、团结协作精神、科研创新能力的培养以及最终马克思主义信仰的养成等则需要通过第二课堂教育来实现。

在思想政治教育实施过程中，第一课堂是已经明确的，具有统一的教学大纲、固定的师资、确定的学分保证、学生必须接受的思想政治相关理论教育。思想政治教育第二课堂承担的是更加重要的思想政治相关知识补充、知识内化成行为以及促进人的全面发展的教育环节，是和第一课堂相互补充的一个独立的育人平台，它所包含的是具有思想政治教育功能的除了课堂教学以外全部学校教育，诸如学术文化活动、学科竞赛、科研训练、社会工作、技能培训和社会实践等内容，是一个变化的、开放性的教育途径。

从这个意义讲我们认为思想政治教育第二课堂，顾名思义，是相对于思想政治教育第一课堂而言，指的是学校在思想政治教育课堂教学计划所规定的教学活动以外，围绕思想政治教育育人目标，引导和组织学生有计划、有目的地开展各种健康有益的活动。具体来讲，它以理想信念教育为核心，深入进行树立正确的世界观、人生观和价值观教育，使大学生正确认识社会发展规律，认识国家的前途命运，认识自己的社会责任；以爱国主义教育为重点，深入进行弘扬和培育民族精神教育；以基本道德规范为基础，深入进行公民道德教育；以大学生全面发展为目标，深入进行素质教育，引导大学生勤于学习、善于创造、甘于奉献，成为有理想、有道德、有文化、有纪律的社会主义新人。

所以，思想政治教育第二课堂即为在思想政治教育课堂教育之外，以思想政治教育为总体目标，以学校为教育主体，包含了学校全体教职员工和参与组织的学生，实现顶端设计，以学生为教育客体，实施的场地不局限在校园中的由教师和学生共同参与实施的思想政治教育实践活动。

思想政治教育第二课堂的涵义除了思想政治教育第二课堂定义以外，还包含了思想政治教育第二课堂价值、思想政治教育第二课堂标准、思想政治教育师资情况、思想政治教育第二课堂内容和形式等几个方面的问题。

思想政治教育第二课堂的价值特殊性主要表现为两点：第一，思想政治教育第二课堂是课堂教育在知识传递方面的补充和提升，但其不等同于思想政治理论课实践教学，它凸显学生的主动性，尽管第二课堂的总构想纳入学校教育的培养方案当中，但不似课堂教育主要由教师主导，而第二课堂主要由学生主理，更多体现出学生自我教育、自我管理的特征；第二，它坚持了实践和理论相结合的原则，贯彻了以学生为本的理念，彻底地落实了马克思主义实践观，从而体现了思想政治理论课第二课堂在实践基础上的形式与内容、方法与本质的内在统一，同时，将学生在课堂教育当中接受的理论知识经由实践活动，产生体验与体认，从而内化为自己的意识与品质。正确运用好思想政治教育第二课堂是当前高校在新形势下加强和改进大学生思想政治教育的需要，是全面培养人才的需要。中共中央、国务院在《关于进一步加强和改进大学生思想政治教育的意见》中明确指出："在充分发挥课堂教学在大学生思想政治教育中的主导作用的同时，要努力拓展新形势下，大学生思想政治教育的有效途径。"①

我们知道，实践是价值研究的现实基础，通过实践，主客体才能实现双向转化，即主体客体化和客体主体化，这种过程是进一步学习和内化的过程。思想政治教育第二课堂的内在价值性可以帮助大学生完成这种转化，从而实现大学生对客观世界的逻辑把握并具备一定的价值选择和价值判断能力，使他们最终成为社会主义现代化事业的合格建设者和可靠接班人。从实践的角度研究思想政治理论课第二课堂的价值，也就是坚持了实事求是和一切从实际出发的原则，因此，从实践过程和实践结果相统一的关系来看，对思想政治教育第二课堂的价值目标、价值功能和价值取向的研究正是对思想政治理论课第二课堂价值特殊性的科学表述。

思想政治教育第二课堂标准指的是，思想政治教育第二课堂作为一个和思想政治理论课相呼应的教育途径必须按照相关的教育学规律制定一系列的标准，这里面包含了思想政治教育逻辑和依据、性质和目标，以及最终的实施过程。在这里不做展开，将会在接下来的章节当中具体分析。

思想政治教育第二课堂师资情况指的是思想政治教育第二课堂的教育主体和主体角色。《中共中央国务院关于进一步加强和改进大学生思想政治教育的意见》(中发[2004]16 号文)已经规定："大学生思想政治教育工作队伍主体是学校党政干部和共青团干部，思想政治理论课和哲学社会科学课教师，辅导员和班主任。"这样的表述

---

① 中共中央，国务院.关于进一步加强和改进大学生思想政治教育的意见[N].人民日报，2004-10-15(1).

应对的就是思想政治教育主体的这个问题，但是这里提到的不同的人群当中，“思想政治理论课和哲学社会科学课教师”很显然是在学校里承担课堂教育的必然主体，但是，其他人并不一定具有在高校当中执教的专业资格，他们被认定为思想政治教育工作队伍主体的一部分，甚至是位列“思想政治理论课和哲学社会科学课教师”之前的那一部分。这只能说明一种情况，那就是他们是思想政治教育第二课堂的实施主体，另外，在这个主体描述的过程中我们认为还缺失了一个重要的部分，那就是学生。根据现代教育学的研究表明，学生在自我教育当中有很重要的作用，以学生为中心的教育理论告诉我们，必须正视这个问题，所以在思想政治教育第二课堂工作者当中包括的人群就比较丰富。在确定了工作者以后，重要的是必须研究其角色定位，他们各自在思想政治教育第二课堂中扮演什么角色，起什么作用，达到什么目的，都是本文研究的问题。

思想政治教育第二课堂内容设计，用教育学课程论的观点来看，那就是一个内容选择、组织和排序的过程。选择内容的时候，标准包括合法性、重要性、真实性、适合学生特点和教师背景；同时应该按照什么样的顺序，把彼此孤立的教学内容有序地呈现给学生，是思想政治教育第二课堂教学的重要组成部分。总体来说就是要设计一个教学计划，在这个计划中把一个整体的内容分成几个小的部分，应该从几个方面来考虑，主标题的外延必须足够大，才能够容纳大量的重要信息，但是与此同时也要注意“大”是有限度的，还必须考虑到学生的特点；教学计划当中的不同部分的主次也是需要讲究的，要能够体现教学内容的本质；在强调每个教学计划的独立性的同时要依靠学生的需求差异、教学环境、老师等不同的情况确定；必须要考虑到先前的学习经验和未来的学习成果。

2. 思想政治教育第二课堂建设的理论指导

任何的实践最终都需要理论的指导，只有正确的理论指导才能使得实践更有价值。思想政治教育第二课堂这种教育活动目前来看是实践总结的经验比较丰富，从可持续发展的角度出发，思想政治教育第二课堂需要理论的指导。

我国的教育是坚持以马克思列宁主义、毛泽东思想、邓小平理论、“三个代表”重要思想、科学发展观和习近平新时代中国特色社会主义思想为指导的中国特色社会主义教育，思想政治教育本身更是遵守着马克思主义的基本原理指导，而马克思主义认识论对于思想政治教育本身有着直接的指导作用，马克思主义认识论揭示了关于自然、社会和人的思想发展的普遍规律，毛泽东在《实践论》里面已经做了深入浅出的阐述。首先，从认识过程的秩序说来，感觉经验是第一的东西，我们强调社会实践在认识过程中的意义，就在于只有社会实践才能使人的认识开始发生，开始从客观外界得到感觉经验。其次，认识有待于深化，认识的感性阶段有待于发展到理性阶段——这就是认识论的辩证法理性认识依赖于感性认识，感性认识有待于发展到理性认识，这就是辩证唯物论的认识论。由感性到理性之辩证唯物论的认识运动，对于一个小的认识过程(例如对于一个事物或一件工作的认识)是如此，对于一个大的认识过程(例如对于一个社会或一个革命的认识)也是如此。马克思主义认识论中的实践观点，强调了实践对于认识的极端重要性。承认了实践，就是承认了外界物质与意识的相互联系，相互作用，而又不否认外界物质与意识。

不过，马克思主义认识论只是一种方法论，不是方法本身。它为一切行动提供方法论基础，同样这也就为思想政治教育提供了方法论：这从基本理论上告诉我们，思想政治教育第二课堂的存在是必要的，思想政治教育第二课堂为学生提供了正确理解吸收思想政治教育课堂上讲授的知识的机会，帮助学生在形成理性认识之前得到相关的感性认识，运用他们自身的各种官能展开学习，形成一定的实践经验，形成理性认识的前提，为思想政治教育课堂教育提供前提和保障。

思想政治教育第二课堂是以马克思主义实践观指导的中国特色社会主义教育观，以人的全面发展为目标，开展的思想政治教育活动。

思想政治教育具体化就是理想信念教育、爱国主义教育、公民道德教育和素质教育，胡锦涛“十八大报告”当中也从不同的侧面对这样一个目标做了阐述，在“扎实推进社会主义文化强国建设”段落里面，分别从加强社会主义核心价值体系建设方面提出了要“广泛开展理想信念教育，把广大人民团结凝聚在中国特色社会主义伟大旗帜之下”；从全面提高公民道德素质方面指出要加强个人品德教育；同时“十八大报告”指出教育要为社会主义现代化建设服务、为人民服务，把立德树人作为教育的根本任务，培养德智体美全面发展的社会主义建设者和接班人。全面实施素质教育，培养学生社会责任感、创新精神、实践能力。由此可以看出，思想政治教育的根本目标或者说出发点就是培养全面发展的社会主义建设者和接班人。思想政治教育第二课堂正是在人的全面发展理论指导下的教育路径。

党的十九大报告明确指出：“经过长期努力，中国特色社会主义进入了新时代，这是我国发展新的历史方位。”高校思想政治教育伴随中国特色社会主义进入新时代而迈入新征程，应因事而化、因时而进、因势而新，切实肩负起新时代赋予的新使命。

习近平新时代中国特色社会主义思想是马克思主义中国化最新成果，是中国特色社会主义理论体系的重要组成部分，是全党全国人民为实现中华民族伟大复兴而奋斗的行动指南。当前和今后一个时期，高校思想政治教育的首要使命就是用习近平新时代中国特色社会主义思想武装全体师生，激励广大师生为加快一流大学和一流学科建设，实现高等教育内涵式发展砥砺奋进。要深刻理解习近平新时代中国特色社会主义思想的指导意义、历史地位、丰富内涵、精神实质和实践要求，学习领悟其中蕴含的新理念新思想新观点新论断，切实做到学懂弄通做实，不断提升政治政策水平和思想理论水平。要深切体悟习近平新时代中国特色社会主义思想的价值意蕴，既要着重学习其中贯穿的马克思主义立场、观点和方法，又要切实领会其所体现出的政治立场、使命意识、担当精神。要坚守中国共产党的精神支柱和政治灵魂，补好理想信念之“钙”，解决好世界观、人生观、价值观这个“总开关”的问题，自觉做共产主义远大理想和中国特色社会主义共同理想的坚定信仰者和忠实实践者。

二、思想政治教育第二课堂建设的教育理念分析

1. 教育理念分析

教育究竟是什么？关于这个问题，从古到今，数不胜数的教育家试图回答这个问题，随着教育理论的不断发展，教育本身的定义也影响着教育方式的不断变化，根据教育理论发展的时间脉络，我们认为教育从大的方向上经过了三个阶段的演变。

第一个阶段是以夸美纽斯、赫尔巴特等为代表的教育家对教育的分析，总体上表达了教育即学习知识的概念，逐步形成学科教育的体系，成为现代教育的第一个时代，即教师中心论的时代。

西方的教育可以说是从古希腊时期就开始，那个时期的教育思想依然影响着现代教育的发展，亚里士多德认为知识始于感观知觉——我们观察对象或事件，通过观察在头脑中形成一个可以理解和解释这些所观察的对象和事件的一般原理。他对于推理有着详尽的论述，并强调学习的过程就是在头脑中形成与外在真实世界相符合的一幅现实的图画。教师的作用就是帮助学生将各种各样来自经验的感受条理化，帮助学生为这一切互相不联系的材料提供某种结构。这可以说是知识系统化的初始形态。

夸美纽斯(John Amos Comenius，1592—1670)是捷克斯洛伐克的教育家，也是西方现代教育的奠基人，他认为教育能够使种族更新，每一个儿童都应该受到教育。而教育制度应该分为四个等级，第一个等级是母育学校，针对儿童生活的最初六年，教授简易的实物课程，这其实指的是家庭教育，第二个等级是小学，接下来是拉丁学校，最终是大学，在大学里面，最重要的是有学识的人向学生系统地授以各个学科的知识，“共同努力来促进科学的发展并不断作出新的发现”。他还提出通过建立泛智学校让“知识的新兵将学习一切知识”，“一所完备的学校必须在七个方面有一套完整的制度”，这七个方面

是教学内容、负有教与学的使命的人、教学工具、教学地点、规定上课的时间、课程本身、休息和假期，从这七个方面的规定我们可以看出在那个阶段课堂教育几乎就等于学校教育。

赫尔巴特(Johann Friedrich Herbart, 1776—1841)是使教育学成为一门独立科学的先驱，是"教育性教学"的首创者和教学形式阶段的发明者，他提出的统觉团理念，在教育上的意义是，教学生新观念或新知识时，必须考虑学生已有的经验(即统觉团)。在重视学习过程及获得知识、技能所应采取的实际步骤的动力学方面赫尔巴特显得比较激进，他的教学过程理论重视知识的传授与思维训练，希望教师在纯粹的提示教学中具有灵活的态度与观察的精神，而不拘泥于各种规则。在《教育学讲授纲要》中，赫尔巴特进一步提出应根据学科特点灵活选用教学方法，以符合学生的思维进程，符合学生的个性与接受程度，使教学双方都感到满意。赫尔巴特强调科学的体系化与准确性，对准确性的执着使之完成了夸美纽斯和裴斯泰洛齐向往的目标，把教育从初级的某种思想与实践制度发展成一门学术性学科，赫尔巴特作为教师中心论的代表人物强调了教师在学生中的权威作用，一切教育活动的基础都应以教师为中心，在教育过程中，不能把学生的自由当作手段，而应当作过程的目的和结果。这种教育理念下的学校完全依靠课堂教育传授知识，人们并不注重课余活动对学生的影响。

随着教育理论的不断的发展，课程现代化逐渐登上历史的舞台，教师中心论的重要性逐渐被学生中心论取代，进入了教育发展的另一个阶段。前苏联教育学家赞科夫(1901—1977)作为课程现代化的三大代表人物之一，打破了教学实际上只传授知识、技能和技巧相联系的旧模式，把教学同发展联系起来，建立了一套新的教学体系，是教学论中一次根本性的改革。根据以教学促进发展的主导思想，他逐步形成了指导各科教学工作的五条"教学原则"，即：以高难度进行教学的原则；以高速度进行教学的原则；理论知识起指导作用的原则；使学生理解学习过程的原则；使全体学生都得到发展的原则。这一体系的特点是强调培养学生学习的内部诱因,并在保证共同的思想方向性的前提下,给予个性以发挥作用的余地。从他的思想里我们可以看出学生的发展已经成为教学过程中的要素。但是针对课堂教学赞科夫也做了大量实验性研究,他提出课堂教学是教学论不可或缺的一个重要方面。

在赞成学生中心论的学者当中,可以说美国教育学家杜威(John Dewey, 1859—1952)是集大成者。他提出了"教育即生活"、"教育即生长",教育即为"经验改造",广义地讲,个人在社会生活中与人接触、相互影响、逐步扩大和改进经验,养成道德品质和习得知识技能,就是教育。同时,杜威提出了"学校即社会"的理论,教师要把教授知识的课堂变成儿童活动的乐园,引导儿童积极自愿地投入活动,从活动中不知不觉地养成品德和获得知识,实现生活、生长和经验的改造。

杜威认为教养应该做到使个人经验质变,最终融入社会群体的利益、目标和既有的想法。达到这样的目的的途径不是硬生生地灌输,而需要借环境的作用引发一定的反应,个人生存的那个环境可以影响他看待事物的观点;环境会使他做些打算,以免与别人产生歧义,环境也会强化某些看法,削弱另一些看法,环境渐渐在个人身上产生一种行为系统,一种言行上的意向,这里的环境不是指个人生活的周围空间,而是周围事物与个人活动倾向之间固有的"连续性"。环境对于活生生的人应有的典型活动会有助长、阻碍、鼓励和压制的影响。环境所指的就是涉入行为而对行为构成支持或阻碍的那些条件。直接教育是不可能的,教育只能借环境来间接达成。学校这样的教育模式有三大特定功能:第一,综合文明太复杂,不可能完全吸收,必须像学校课程这样分成多个部分,逐步分级而吸收。学校这个社会机制的第一件要务就是提供一个单纯化的环境,课业的次序是渐进的;第二,学校环境必须尽力排除当前社会环境的缺点,以免心理受到不良影响。学校应该做到不让社会不良成分残留在这一个环境里,尽全力抵制他们在一般社会环境中的影响力。社会不是传承保存既有的一切成就，而是能使社会未来更好的部分，学校便是社会达成这个目标的主要机制；第三，学校环境应平衡社会环境中各种不同的元素，确实做到人人有机会脱离自己原生社会团体的局限，能与更开阔的环境活泼地接触。

他还强调，教育是一个主动的过程，人只有通过主动地学习，教育才能够真正起作用。这是由于旁观者的态度与参与者的态度是不同的，旁观者可以对眼前的事情漠不关心，因为结果怎么样都无所谓，反正只是在旁观，而参与者与正在发生的事关系密切，事情的结果对他大有影响，他要尽全力影响眼前发生的事情的走向。在学习的过程中经验与思考是两个相互关联的概念，经验包含主动与被动两种成分的奇特结合。从主动的方面来看，经验是一种尝试，即实验。从被动的方面来看，经验是承受。学生做了事情，事情反过来影响学生，这就是主动和被动的结合。在学校里，学生被当做理论的旁观者在学习知识，直接以心智能量获取知识，“学生”这个名词差不多就是致力于直接接受知识的人，不再是致力于获取有益经验的人。这样的模式是不对的，这完全不能够达到教育的目的。而思考等于把经验中的智能成分凸显出来。凡是有效的方法，都是可以溯源到校外日常生活中引起思考的那种情境。学生做的时候必须思考，必须刻意找出关联性，结果自然就达到学习的目的。

那么学校教育怎样才能达到良好的教育目的，答案只有一个，更实际的教材，更丰富的内容，更多设备、更多让学生有事可做的机会，淡化校内校外的差距。只要学生有事情可以做，在讨论作业的过程中产生的枝节，就算教学方式不怎么积极，学生还是会主动发出许多疑问，所提出的答案也能够深入、多样，而且有巧思。比较有成效的教学法都承认，从课程学到的观念必须实际应用。一个人必然曾经有过或正在承受能找到解决疑难之道的经验，他的思考才会有效。

教材就是把大自然与人的世界之中的各种事实和原理分门别类地呈现。教学法的宗旨就是如何把这些教材有效地灌输给学生们。教学法指的是，教材经过整理安排而能作最有效的运用。教学法绝对不能脱离教材而存在。学校诉诸游戏、竞赛、构建性的作业，心理生活的研究已经证明，探索、操作工具和材料、构建、表达愉悦的情绪等天生的倾向，又有其根本的重要意义，课程包括一定的游戏和主动参与的作业，是有智能发展和社会行动方面的根据，不是暂时的权宜，也不是为了一时解闷，如果没有这一类的安排，就不可能达到效果好的学习状态。

在学生中心论指导下的教学，似乎更注重课堂之外的教育，但是学生中心论把学生放在绝对主体的地位，片面强调教育活动要以学生为中心，忽略了教师在教育过程中的主导作用，不太重视课堂教学，使得教育偏向了另一个极端。

所以，在当今社会奉行的教育理念更多的是倾向于双主体观。教育教学活动分为“教师的活动”和“学生的活动”。在“教”的对象活动中，教师是活动的设计者，学生是他设计、塑造的对象，学生与教育的内容一起构成教育活动的客体；而在“学”的活动中，学生是学的主体，教师则成了学生学习所必须的条件和客体之一。双主体观的提出是在“教师中心论”和“学生中心论”的基础之上做出的修正，强调了教师作用的同时也注重学生自身的学习规律和发展需求，在教育主体的问题上明确地指出不仅仅以教师为主体，是教师和学生一道成为学习的组合。反映在教学途径上就是教育既离不开课堂教育，也离不开第二课堂的教育，他们承担了不同的职责，互为基础，相互补充。真正的教育只靠课堂本身是无法完成的，而教育的目的本身也不是完成课程学习。任何一个进步的教育理论都指出，好的教育是尊重学生本身的发展阶段，结合其自身的认知能力，改善其周围的学习环境，通过老师的教学达到改变学生行为的目的。思想政治教育本身亦不能够脱离教育本身的规律和法则，需要依靠对学生本身的判断，了解其在思想政治教育过程中达到的阶段和程度。

通过对教育理念本身的分析，我们更加清楚地看到思想政治教育理论课主要承担了系统化地向学生教授完整的知识，而思想政治教育第二课堂就成为引导学生积极实践，产生思考，不断自我完善的重要途径,思想政治教育只有同时通过这两个课堂的合作才能够完成其育人目标。

2. 知识论(认识论)

知识论是哲学当中一个非常重要的命题,其关于知识的定义从柏拉图的《泰阿泰德篇》开始就不断地引发一代又一代哲学家对其进行探讨和研究,他们在哲学上丰富的研究自然地引入教育学,知和行关系亦成为教育学界不断争论的问题。西方有柏拉图将知识定义为被确证的真实的信仰(被相信的事物)。苏格拉底就立刻提出他同样伟大的思想,认为这还不够,人们还必须为之找到理由或证明。同样在中国也有非常多的思想家教育家在他们各自的教育思想中表达了关于知和行的问题,明武宗正德三年(1508),心学集大成者王守仁在贵阳文明书院讲学,首次提出知行合一说。在这里的“知行合一”,指的不是一般的教育学当中的概念也不是一般的认识和实践的关系,主要用来描述人的道德践履和实际行动。到后来陶行知在他的教育理念当中跳脱开王阳明的唯心主义学说,用辩证唯物主义的观点发展出新时期的教育学当中的知行观,这一系列的发展说明知识论在教育学当中的地位丝毫不逊于其在哲学当中的表现。

杜威在其《民主与教育》一书里面提到知识论的连续性和二元论的矛盾,这在本质上就是知与行的统一和矛盾。在书中,杜威这样分析在哲学当中“知”的理论涉及的一些对立的观念。一种是经验主义和理性主义的对立。经验主义与日常事务相关,对于没有特殊知性目标的一般人是有用的,主要是为了得到能够处理其相关环境的“知识”。而理性的知识是触及终极知性真实的东西,求知的结果是纯理论的现实,不会降格到行为上。第二种对立来自 learning 这个词的两种解释,把“learning”当作学问讲,是指已知的所有东西,是指书本和有学问的人传授的东西,这是外在的,是认知的积累。另一方面,如果把“learning”当作学习解的话,则是指人在求学过程中的行为,是一种自己主动去做的事情。这里的二元论是把外在的知识和纯粹内在的、主观的、心灵的知识看成对立,一边是整套的现成的知识,一边是配备了认知官能的现成悟性，在教育学当中的教材与教学法的分离就是这种教育中的二元论。还有一种认知的主动性与被动性的二元论，一边是感觉训练、实物教学和实验室作业，另一边是书本内容的混沌里面。另一种对立是智与情的相对。这些二元隔离的终极表现就是知与行、理论与实践的一分为二。

经过这一段分析，杜威直接对这样的二元对立进行了批判，他指出“我们不必再说这种划分招致哪些教育上的恶迹”。只要总结一下可以凸显二元论的不合理的因素，用连续性取代二元论的划分，以此获得教育上的突破。第一，生理学和心理学的相关发展已经证明，“认知是与神经系统有关系的，神经系统会不断调整行为以配合新的环境条件，凡是能理解这些事实的全部含义的人，就不会以为认知是孤立在一切行为动作以外的自立自足的东西，而会确定认知是与调整行为有关的”。以上可以归结为实用主义的认识论，强调了知识与实践的统一。

同样，马克思主义作为我们思想政治教育的基本理论，其认识论即辩证唯物主义认识论也对相关的内容有明确的阐述。辩证唯物主义认识论是关于认识的本质、来源、发展过程及其规律的科学理论。其基本原理是能动的革命的反映论，即实践论。马克思主义认识论认为认识从实践中产生，随实践而发展，认识的根本目的是为了实践，认识的真理性也只有在实践中得到检验和证明；认识的发展过程是从感性认识到理性认识，再由理性认识到能动地改造客观世界的辩证过程；一个正确的认识，往往需要经过物质与精神、实践与认识之间的多次反复；社会实践的无穷无尽决定了认识发展的永无止境。

此为思想政治教育第二课堂知识论（认识论）基础。

3. 课程与教学基本原理分析

从课程与教学的基本原理的角度分析思想政治教育第二课堂存在的必要性，同样还是要先用课程与教学的基本原理剖析思想政治教育本身，针对思想政治教育有关的教育目标如何确定、如何选择有助于实现这些教育目标的学习经验、课程概念、课程设计的几个关键原理等几个方面来探讨思想政治教育第二课堂设置的必要性和不可替代性。

首先，教育是一种改变人们行为模式的过程。包括人的思维、情感以及外显的行为。教育目标明显代表了教育机构力图使学生产生的种种行为变化。思想政治教育的总体目标非常明确，即培养合格的社会主义中国的建设者，但是这是一个根本性的非常宏大的目标，不足以直接指导思想政治教育实践每一个具体环节，那么思想政治教育具体的教育目标如何确定，就必须依赖课程与教学的基本原理来分析。当代课程论的奠基人拉尔夫·泰勒在1949年出版的《课程与教学的基本原理》告诉我们学校需要达到的教育目标是需要经过分析、研究得出来的。在实际的实践当中很多教育计划都没有清楚地定义过教学目标。但是，要制定一个教育计划并不断地改进它，就必须要对想要达到的教育目标表述清楚。这些目标将成为选择教学材料、勾勒教学内容、形成教学步骤以及准备测验和考试的手段。教育计划的方方面面确实都是实现基本教育目标的手段。这样具体的教育目标的来源大致有五个，对学习者本身的研究、对当代校外生活的研究、学科专家对目标的建议、利用哲学选择目标、利用学习心理选择学习目标。

针对这五个方面，运用到思想政治教育本身，首先针对学习者本身展开研究。即对当代大学生呈现出来的思想政治状况本身与理想标准相比较，才能推演出教育目标。明确大学生目前的状况与公认的标准之间的差异，这种“差异”或者“差距”就是我们通常提到的需要。学校有责任帮助学生满足这些需要，不但要让学生满意，也要向他们提供对个人和对社会都有意义的行为模式。有关社会—国家事务的知识，在不同学校的学生中会有明显不同。几乎所有的社会调查的方法都能被用来研究学生的兴趣和需要。教师的观察、对学生的访谈、问卷，现状没有一个公式能用于从有关学生资料里面推断出教育目标来。而思想政治教育的具体目标正是可以由这样的方法推断出来的。前文已经提到从事思想政治教育的老师包含了一般意义上的课堂教学老师，更包含了党团组织工作者、辅导员、班主任、大学行政工作人员等不同类型的老师，他们的整体观察就不能够被局限在课堂之上，同样，对学生的观察时间也覆盖了学生课堂以外的方方面面的时间，在大学学习中，正式上课尤其是思想政治教育课程的时间是非常有限的，那么余下的时间的观察、访谈和问卷就只能完全依靠思想政治教育第二课堂。对当代校外生活的研究更是思想政治教育工作者的本职工作，思想政治教育不但要求培养的学生能够用积极健康的人生观、价值观和世界观参与到中国特色社会主义建设当中，更能够抵御不良的思潮的影响，做坚定的社会主义建设者和接班人。所以，对当代校外生活的密切观察是思想政治教育的重要组成部分，同时，思想政治教育作为马克思主义理论一级学科内的二级学科，专门研究思想政治教育的学科专家对于思想政治教育的研究和探索也在不同程度地证明思想政治教育要更多地开发第二课堂的途径。至于哲学本身已经借由马克思主义哲学的部分呈现在思想政治教育的教育目标中并在不同程度上影响着第二课堂的建设，心理学方面本文不在这里展开，将在下一个小节详细论述。

从课程与教学的角度来看，在确立了教育目标以后如何选择有助于实现这些教育目标的学习经验是接下来需要解决的一个问题。“学习经验”这个术语既不是指代一门课程所有传授的内容，也不是说明教师所开展的各种活动。“学习经验”这个术语是指学习者与他起反应的环境中的外部条件之间的相互作用。学习是通过学生的主动行为而发生的，他学到什么取决于他做了什么，而不是教师做了什么。经验的定义涉及学生与其环境之间的互动，学生是一个积极的参与者，环境中的某些特征吸引着他的注意力，他正是对这些特征产生了反应。教师可以通过营造环境、构建情境来提供教育经验，以激发所期望的那种反应。从这样的分析中我们可以看出，思想政治课堂教育固然是能够通过环境的设计完成知识的传授，让学生主动对相关知识产生兴趣主动学习，但是第二课堂则在这个方面具有了天然的优势，第二课堂完全脱离了教室的环境，直接接触与生活相关的事物、甚至是直接到社会环境中引发学生的兴趣，让他们能够主动作为，学生在思想政治第二课堂中更多的是一个主动的角色，满足其学习的需要。

选择学习经验的一般原则首先是为了实现既定目标，学生去实践该目标所隐含的行为。就是说，如果一项目标是培养解决问题的技能，那么除非学习经验能给学生充足的机会去解决问题，否则这个目标难以达成。思想政治教育第二课堂正是提供这样的机会的教育途径；第二，这些学习经验必须使学生在从事目标所隐含的相关行为时获得满足感，通过对问题的有效解决让他满意。在思想政治教育第二课堂的教育当中，学生使用理论回答的是现实性的问题，或者说至少是实践性的问题，更能够让学生满意；第三，教育经验想要引起的反应是在学生力所能及的范围之内，这些经验应适合学生目前的成就水平、心理倾向等。如果学习经验所涉及相关行为是学生目前还做不到的，就达不到其教育目标，思想政治教育第二课堂的设计的多样性和可选择性使得它比一般的教育课程更体现因材施教的原则。

思想政治教育对学生的塑造在很大程度上，最终呈现出来的是学生的人生态度，而人们通常通过四种方式形成态度，最常用的是通过环境的同化作用，其次是某些种类的经验引起的情绪效应，第三种是创伤性经验，即产生过深刻情绪影响的经验，第四种是通过直接的理智过程。第三种对于学校来说是不太有用的，带来剧烈情绪反应的创伤性经验太难控制，无法系统地在教育计划中运用，因此学校不得不主要依赖于利用环境的同化过程，通过利用特定经历引起的情绪效应及直接的智力过程形成态度。直接的智力过程更容易理解为思想政治教育课堂教育，而环境的同化过程和利用特定经历引起的情绪效应则理解为思想政治第二课堂可以而且必须涉及的范畴。改善和控制学校环境，营造一个更统一的学校环境以促成所期望的态度。利用伴随着满意情绪的经验来培养态度，重要的是提供思想政治教育第二课堂计划让学生以其喜欢的方式行动，并从中获得满足感。没有什么方式能够强迫人们持有不同的态度，学生的态度转变源于其观点的转变，这源于对情境的新洞见，新知识，或者从先前所持的特定观点中获得的满足感与不满足感。思想政治教育第二课堂正是由于可以灵活地处理好环境与学生之间的变化而取得了不可替代的地位。

课程就像一个过滤器起着过滤作用，起着对学习内容进行排序的作用，不仅涉及对教学内容的选择，而且能使你和其他的教育工作者明确学习主题的先后顺序，课程设计原则相关的主要内容有：范围、顺序性、连续性、衔接性、平衡和螺旋式。在考虑范围的时候，面临的一个关键的限制性问题就是，根本不可能教授所有的内容。思想政治课堂教育面临的这个问题使得思想政治课程内容的广度和深度变得明晰。同样，也就给第二课堂留下非常多的空间去选择更丰富的内容，比如说"毛泽东思想、邓小平理论和'三个代表'重要思想概论"这门课程的设立，其教学最多只有短短的 1 个学期 54 个学时，要学生在这么短的时间内去充分了解基本的思想和理论已经非常困难，充分的讨论和相关的调研几乎完全不可能在课堂上完成，于是相应地第二课堂的教育设计就能够很好弥补课堂教育的不足，扩大课程本身的范围。

顺序性原理表明许多信息按照一定的顺序交给学生以后，这类信息就会很容易被学生接受。连续性原理与顺序性原理相关，顺序性原理是针对整块的知识内容进行相关的安排，而连续性原理则是在更微观更具体的层面上起一个指导性的作用。衔接性是用来描述同步而非先后的课程要素之间的关系，思想政治教育第二课堂一旦正常开展教育工作就能够很好地满足以上三个原则要求。不论是思想政治教育整块思想的相关内容安排还是课程先后之间的连接甚至是同时的不同的课程之间衔接，第二课堂由于其本身的灵活性和开放性都能够很好地满足课程设计要求。在从事课程工作时，通常会扮演一个教育权威的角色，课程设计者的角色将会影响学生接受什么新知识以及如何接受。知识浩如烟海，学生当然不会什么都学，作为课程开发者，必须从大量内容中为学生选取所要学习的内容，任务就是确保课程内容选择和组织上的适切性。思想政治教育内容涵盖广泛，需要第二课堂针对不同的学生做更全面的开发和设计，正式课程和教学基本原理其本身的规律决定了思想政治教育第二课堂的存在。

三、基于心理学的理论基础分析

本小节集中探讨的问题是基于心理学视角的各种学习理论为基础的思想政治教育第二课堂的必要性，而非思想政治教育心理学或者心理学方法在思想政治教育当中的运用等问题。思想政治教育心理学是指思想政治教育和心理学相结合的一门交叉学，主要探讨心理学如何在思想政治教育里面的运用等一系列问题，而在这里探讨的是思想政治教育第二课堂存在的心理学相关学习理论的基础。

本小节拟通过理论心理学不断发展的脉络，从 20 世纪初形成的行为主义学习理论开始，到 20 世纪六七十年代盛行的认知学习理论和目前综合了心理学各方发展流派的人本主义学习理论，分析思想政治教育第二课堂从无到有的心理学依据。

1. 行为主义学习理论分析

行为主义学习理论诞生于 20 世纪初，由美国心理学家约翰·华生创立。行为主义学习理论认为任何的学习都是通过条件作用，在刺激和反应之间建立直接联结的过程，又叫联结学习理论。代表人物包括桑代克、巴甫洛夫、斯金纳。

强化在刺激—反应联结的建立中起着重要作用。在刺激—反应联结之中，个体学到的是习惯，而习惯是反复练习与强化的结果。习惯一旦形成，只要原来的或类似的刺激情境出现，习得的习惯反应就会自动出现。在行为主义学习理论当中，主要的代表性学说包括桑代克的尝试—错误说；巴甫洛夫的经典条件作用论；斯金纳的操作性条件作用论，他将行为主义学习理论推向了高峰，他根据操作性条件作用原理设计的教学机器和程序教学曾经风靡世界，这一阶段课堂教学在教育当中的重要性不可比拟。

我们首先简要地梳理这几个学说的要点。然后,本段落重点运用加涅的信息加工学习理论来分析思想政治教育第二课堂的必要性。

美国实证主义心理学家桑代克通过科学实验来探究学习的规律,提出了著名的联结学说,他的观点是:通常意义的学习就是动物(包括人类)经过一系列不间断地尝试形成刺激—反应联结,从而逐步降低错误的过程。这个观点也被称为试误说。基于自己的科学实验研究,桑代克总结出了三条重要的学习定律。首先是准备律。开展学习之前,若是学习个体预先做好了与对应的学习活动相关的准备性反应,这些内容就可以更加自如地被吸纳、掌握。其次是练习律。对于脑海中已然形成的反应联结,通过不断地正确实践重复,可以使这种联结得到有效的增强。最后是效果律。在学习过程中,个体脑海中已形成的反应联结会受到反馈意见的直接影响,根据意见的正负形态,会造成不同程度的加强或减弱效果。效果律是这三大定律中最重要的。

巴甫洛夫经典条件反射理论和斯金纳的强化学说早已广泛应用于教育实践,引导教师在教学实践中,主动关注学生的每一个反应,并采取正确的强化方式,积极应对正确的反应。这一系列的研究都着重于课堂教学教授知识本身时应当以什么方法推进。斯金纳的操作性条件作用论将其推向了顶峰。根据斯金纳的理论,程序教学被提出来,这是一种使用程序教材并以个人自学形式进行的教学。教师要实施程序教学必须借助于程序式的教材或者进行机器教学,在这种理论发展到极致的时候,甚至配套发明了自动教学机等用于教学的机器取代了教师的地位,让学生完全根据教材和机器的程序化指引进行学习,完全是一种机械化的学习理论。充分地体现了在当时,第二课堂完全没有进入人们研究的视野,在行为主义学习理论的支持下,课堂教学蓬勃发展。

2. 人本主义学习理论分析

人本主义是一种重要的教育思潮,于 20 世纪中叶在美国出现。

人本主义学习理论的特点是：主张人的个体异质性，须采用个案研究模式，反对直接将动物等同于人类，反对在人类学习中，应用动物心理实验的结果。人本主义学习理论，依托现代人本主义心理学理论，提出了几大观点：坚持人性本位的教学目的观、实现有意义的自由学习观和突出学生主体的教学过程观。

人本主义强调教学的目标在于促进学习，因此学习并非教师讲授教材为主，而是利用学生的好奇心，驱使学生去吸收任何他自觉有趣和需要的知识。学生个体学习包括认知学习和经验学习，其方式可以大致按照意义，分成“无意义”和“有意义”的学习。相应地，认知学习对应无意义学习，因为认知学习本身只涉及心智，完全不涉及个体感情抑或个人意义，其中一大部分对学生个体是不存在个人意义的，与完人无关，纯粹是一种无意义学习。同样地，经验学习则是有意义学习，学习本身以个体的经验增长为核心，把个体的主动性和自发性作为动力，有机地将个体的需求、兴趣和期望融入学习，因而在一定程度上，经验学习就是有意义的学习，必定能使个体的发展得到有效的推动。除了能增长知识之外，有意义学习还能融合个体的大部分经验，是一种能引发个体的个性、态度、行为以及在未来选择行动方针时产生巨大实质变化的学习。仔细分析有意义学习的特征，主要包括以下四个方面：第一，高投入，将个体的认知和情感都投入到具体的学习活动之中；第二，主动性，由于内在的主观愿望，个体主动去了解、挖掘和探究事件的意义；第三，全方位，个体的行为、态度、人格等都将获得全面发展；第四，自我评估，个体将主动开展关于自身学习需求及学习目标是否完成等方面的自我评估。

以人性为本位的人本主义教学目的观认为人性本善，只要后天环境适当，就会自然地成长，人所表现的任何行为是发自内在、出于当事个体的情感与意愿所做出的自主性与综合性的选择，人的学习不仅是个体潜能的充分挖掘，也是人格的深层发展。马斯洛指出学习的本质是发展人的潜能，尤其是那种成为一个真正人的潜能；需要层次理论指出人的高层次的需要建立在低层次的需要之上，而学习的需要是在满足人最基本的需要的基础上，自我实现需要的必经路径。教育的根本目标是个体性的发展，不仅帮助学生意识到其自身个体的独特性，并且最终帮助学生个体的潜能得到充分实现。人本主义者强调教师的任务，在教学中应帮助学生个体明确学习的内容和目标，在营造充满安全感、满足感等情境的基础上，通过学习活动的恰当安排，引导学生发现学习内容的价值及其意义，将学生个体培养成为充分发展的人。这和思想政治教育的理念是有一定的相关性的，在对学生学习激励的过程中，第二课堂的存在必不可少。美国学者弗朗西斯说过："你可以买到一个人的时间，雇他到指定的工作岗位上去从事技术操作，但你买不到热情，买不到创造性，买不到全身心的投入，你不得不设法争取这些。"这句话生动地道出了激励的重要性。

人本主义学习观是人本主义教学观的基础。在人本主义的观点看来，教学过程中，应"以学生为中心"，强调在教育教学过程中，应重视学生个体内心世界的研究，这里包括认知、兴趣、情感、潜能、动机等多方面，教师的任务不是教学生学习知识，也不是教学生如何学习，而是重在向学生提供各类学习的资源，营造一种促进学习的氛围，让学生个体选择如何开展学习。

这样的学习理论导致的教育途径转向了课堂之外的教育，即我们说的第二课堂忽视了课堂教育本身，这样的理论提出甚至把第二课堂的重要性放在了课堂教育之前。虽然用现在的教育观点来看，它是片面地强调了第二课堂的重要性，但是人本主义学习理论为第二课堂的产生提供了强大的理论支撑。

3. *认知学习理论分析*

认知学习理论是研究学习过程的重要的心理学分支，认知学习理论认为学习是一种主动地在头脑内部构造认知结构，而不是在外部环境的支配下被动地形成刺激—反应联结；学习是不能够通过练习或者是强化反应形成习惯的，而是通过思维的顿悟与理解获得期待；动物或者人当前的学习依赖于他原有的认知结构和当前的刺激情境，学习受主体的预期所引导，而不受习惯所支配，这样的理论开始强调学习者本身的作用。

认知学习理论在不断的发展中也形成了重要的代表思想，主要包括苛勒的完形—顿悟说，布鲁纳的认知结构学习理论，奥苏伯尔的认知同化理论和加涅的信息加工理论。这些理论开始强调学习者本身的作用，同时注重教育者的作用，第二课堂和课堂教育相互补充、相互促进的观点在认知学习理论的视域下显现出来。

苛勒指出："真正的解决行为，通常采取畅快、一下子解决的过程，具有与前面发生的行为截然分开来而突然出现的特征。"这就是所谓的顿悟，而顿悟学习的实质是在主体内部构建一种心理完形。这与之前的桑代克的理论截然相反，这种顿悟学习强调的是学习者的主动性，第二课堂是比任何课堂教育都更加依赖或者说更加能够激发出学习者主动性的教育方式。

布鲁纳将认知结构表述为有机体感知和概括外部世界的一般方式。他主张，将学校教育与实验室的动物应激行为研究分开，学校教学关注的是学习者认知结构主动的新旧更换，促使个体采用新的认知方式来认识周围世界。首先布鲁纳重视全面掌握学科基本结构。这里的学科基本结构包括基本概念、原理和规律。在此基础上，要形成有效的学习方法。事实上，人的学习是把刚学习的内容，按照已有的不同知识类别，纳入以前学习所形成的心理框架中，逐步有效形成学习者知识体系的过程，知识迁移也就是学习者在新的信息上应用已有的编码系统，从而实现对新信息有效掌握的过程。最重要的是布鲁纳推崇学生的发现学习。这里的发现是指学习者通过遵循独有的认识程序从而亲自吸收知识的一切方式。他认为有效使用发现法应包含以下六个步骤：提问，提出和明确学生感兴趣的问题；体验，让学生深入体验对问题的某种程度的不确定性；假设，假设问题解决的多种可能途径；收集，指导学生收集、利用有利于下断语的资料；下结论，组织学生核查相关资料，得出相应的结论；证明，引导学生以结论为导向，应用分析思维予以证实。

奥苏伯尔学习理论的中心思想是有意义学习。他指出："有意义学习过程的实质就是符号所代表的新知识与学习者认知结构中已有的适当观念建立非人为的和实质性的联系。"基于奥苏伯尔的观点，可以将学习分为四大种类，包括接受型学习、发现型学习、机械型学习和意义型学习，针对这四大种类的有效区分，奥苏伯尔为有意义学习设立了两条标准。第一，新学习的符号或观念能够与原有知识结构中的表象、有意义的符号、概念或命题等建立相关联系；第二，新知识与原有认知结构之间的联结是非人为的、合乎逻辑的。另外，除了这两个标准以外，有意义学习还要满足两个基本条件，一是内部条件，这是指学习者表现出意义学习的态度倾向，即学习者是愿意这么做的；二是外部条件，这是指要学习的材料本身也要符合客观逻辑规律，不但能切合学习者个体的认知结构、认知特点，并落在学习者的认知视野之内。满足了这些条件之后，我们就可以把有意义的学习定义成三类：一是表征学习，即词汇学习，指的是弄清楚单个符号或一组符号代表含义；二是概念学习，指的是个体掌握一类事物或事件的共同关键特征；三是命题学习，命题学习是透视多个概念之间的关系或掌握两个(或两个以上)特殊事物(事件)之间的关系的活动，它必须建立在概念学习的基础之上，这是学习类型中最高级别的一种。同化是奥苏伯尔学习理论的基石。他认为事实上，个体学习新知识的过程是新旧材料相互作用的过程，主要指学习者利用已有图式吸纳新知识，从而使图式总量产生变化的活动。学习者是否能够在学习中有效地获得新知识，主要取决于个体认知结构中是否已有相关的概念(即是否存在同化点)。教师须在传授相关新知识之前充分了解学生目前已有的知识量，并以此为据积极开展相应的教学活动。

基于有意义学习和同化理论这两大概念，提出了几条学习的原则与策略：一是逐渐分化原则。在引入新知识时，应先从最基础的着手，例如定义或原理等，之后依据具体细节一步步传授；二是综合贯通原则。讲究知识之间的融会与贯通，促进新旧知识的和谐与整合；

三是序列巩固原则。教材内容从易到难、先浅后深。他提出了另一个理论概念称为先行组织者策略，目的是为了这三条原则的有效贯彻。这里的先行组织者是指在开展新的学习任务前面，由教师先行告之学生一些引导材料，这些材料与新知识之间是有一定关系的，并且具备概括性和综合性较强、较清晰等特点，以帮助学生构建吸纳新知识的同化点，从而有效提高学习者的学习效率。这个概念印证了思想政治教育第二课堂存在的必要性，所有的第二课堂教授的相关思想政治教育的基本概念比如热爱祖国、热爱学校等都非常基础，同时，在强化这些概念之前，第二课堂会设计出相应的活动让学生感受到相应的氛围，同时，第二课堂的活动往往是多个概念相互贯通的，能够有效地使得各种知识融会贯通，并且在指导活动的时候必然是由浅入深，由易到难的。再从思想政治课堂的教育来看，相关理论概念的传授在逐步讲授的过程中，学生对概念的理解是需要过程的，第二课堂给了相应的空间和台阶，同时，要将抽象的各种哲学概念或者是不同历史时期的事件应对现实世界指导实践，必须经过第二课堂的有效设计才能使得学生较为容易地理解课堂教授的理论知识。

作为吸取了行为主义学习理论和认知学习理论两者成果的学习理论，加涅的信息加工理论堪称更为符合现代教育观念的学习理论。美国心理学家和计算机科学家纽厄尔（Alan Newell，1927）和美国科学家、人工智能开创者之一的西蒙（Herbert Alexander Simon，1916）提出：把人脑看作类似于计算机的信息加工系统；强调人头脑中已有的知识和知识结构对人的行为和当前的认识活动有决定作用，认为认知过程是认知要素相互联系相互作用的统一整体，产生的条件不仅包括外部刺激还包括记忆中贮存的信息。把人脑看作类似于计算机的信息加工系统就是把人认识事物的心理过程看作是对信息的加工过程，因为计算机对信息进行接收、存储、处理和传输是人为设计好并且路径非常清楚，尤其是近年来智能机器的出现，人们更有理由相信人脑的信息接收过程可以参照此路径分析，但是这个理论也认识到人不是单纯地像电脑一样机械地接收刺激信息和做出反应的被动实体，而是能够有选择地获取和加工环境刺激的有机体。同时，人对刺激的反应不是直接对应的，而是一连串的心理转换活动在发生作用。这个理论通过类比去分析认知程序和结构，企图通过适当的教育来组织和维持学习者的内部活动和过程，最终了解、预见和指导人的行为。

1974 年，基于计算机模拟的思想，加涅采用当代认知心理学中信息加工的观点来解释学习过程，展示了贯穿学习过程的信息流程。加涅的观点主要包括三点：第一，学习是个体摄取信息的一种程式。从学习者的角度出发，进入短时记忆后的编码是信息流程的关键节点，经过编码，最初以声音或形状存储的信息立刻可能转化为容易理解、具备语义特征的言语单元或更加综合性的句子、段落的图式，但短时记忆中信息的保留时间是极其短暂的，必须经过持续不断的重复过程，这些信息才能够进入人的长时记忆系统，从而获得永久保存。在这之后，只要提供一些外在线索，这些长久保存的信息就通过反应发生器和效应器被提取出来，反作用于外在环境；第二，制约课堂教学有效性的决定因素包括个体积极的预期和自发的控制。为了实现学习高效，学习者必须对一些刺激做出反应；第三，反馈是检验教学效果的手段。

基于对学习活动进阶分析，加涅把教学进一步划分为下面八个阶段。动机阶段，学习的准备过程就是由教师通过引发学生兴趣进而激发学生的学习动机，受教育者在自己需要、兴趣、情绪、动机等心理条件以及外部刺激的作用下，引起对思想政治教育内容的注意。这个环节，课堂的教学当然可以根据自身特色进行调整，但是根据人类自然生长过程，参与社会实践以及相应的其他形式的学习活动就成为形成良好的学习预期的必由之路。在这一环节，把获得社会和国家的直接接触经验作为对未来学习的预期，就能够很好地激发学生的学习热情，甚至可以推动他们对理论学习的期待；了解阶段，该阶段中，要引起学生对教学措施的注意，引导选择性的感知。目的是促使学生集中注意力应对与其学习目标相关的各种刺激，在这一环节，思想政治教育第二课堂合乎自然地让学生在各种情境下结合相关的原有理论和知识，比如说学校的理想信念教育演讲比赛，让学生在自行组织演讲稿的过程中，回顾以往学习的相关知识同时又寻找新的理论支撑以突显其演讲的思想性，这就使得学生自发地更好地理解和接受新理论，同时由于第二课堂自身的可选择性，第二课堂本身不是强制学生参加的，但是为学生提供了不同的选择，不同的兴趣偏好都能够在不同的第二课堂上得到满足，当学生选择了一个第二课堂的活动去参加的时候，相对于正式的课堂，他们具有更多的主动性和选择权，思想政治教育第二课堂本身效率得以提高，也更加有可能地排除选择接受的障碍；获得阶段，这一阶段，教学的任务是对信息进行必要的编码和储存，更直观的解释是，引导学生将接受的信息转入短时记忆系统；保持阶段，这个阶段主要是通过重复过程，让学习者将获得阶段已得信息有效地放置在长时记忆的记忆存储器中，思想政治教育第二课堂的内容在被接受的过程中有着更多的优势，它不仅仅是通过讲授编码的，它还包含了肢体动作、情感投入等等，这些辅助性功能都能够帮助学生产生工作记忆，真正接受并理解了新的思想政治教育内容；回忆阶段，也可称为信息的检索阶段，该阶段中，着重将所学的知识以作业的形式呈现；概括阶段，教师设定情境条件，引发已学的知识和技能以全新的方式迁移，并提供线索，以运用于未曾遭遇的情境，当学生面临新的问题情境时，能将获得的知识提取出来，广泛地用于解决“是什么”和“怎么办”的问题，其本质就是学习迁移，在这一环节，思想政治教育第二课堂本身就是实践的课堂，本身就已经解决了理论联系实际的问题，学生在举一反三当中更好地联系实际发现新问题、研究新问题、解决新问题；作业阶段，教学要给予应用知识的机会，让学生展示学习的成果，同时积极准备下阶段的反馈；反馈阶段，对于思想政治教育来说，最后这两个阶段有着更为直接的表述，第二课堂本身就是优化过的作业形式，同时在实践的过程中获得直接反馈。

总之，思想政治教育第二课堂的教育过程更符合学生的学习认知过程，这样的教学过程，能够更好地提高学生学习的主动性和积极性，帮助他们最大限度地投入学习，真正成为教学过程的主动参与者，而不是知识的被动接受者。

第二章　我国高校思想政治教育第二课堂建设历史沿革

我国高校思想政治教育自新中国成立以来就在探索中不断前行，根据我国教育政策和思想政治教育本身的历史发展脉络形成了不同的阶段，但是对于思想政治教育第二课堂来讲，它并没有从建国之初就直接存在，或者说当时如果有这样的意蕴的话，也没有这样的称谓。真正意义上的思想政治教育第二课堂，应该从文革结束、恢复高考后的首届大学生入学开始，本文对此的分析分成两个发展阶段。

建国之后到文革发生的这一时段，我国的高等教育基本上遵循着苏联一套模式和要求，十分强调三中心，即"以教师为中心""以教室为中心""以教材为中心"。在这样的基调下，学校教育无疑是强调课堂教育的。为了丰富学生的课余生活，当时也有各种学生的文娱体育类活动，从而发展他们多方面的素质。同时，为了克服课堂教育和书本知识教育的不足，也要求学生联系三大实践（生产活动、科学实验、阶级斗争），如到农村、工厂、车间、商店去劳动锻炼或生活体验，这些活动可以被看作是第二课堂的初始形态，但当时并没有第二课堂的这种称谓，也没有相应的经验总结和理论提炼。自1957年以后，由于阶级斗争理论和左倾思潮影响的不断升温，当时高校学生参加三大实践的活动也越来越脱离了原来的本意。就这种状况而言，人们在讨论第二课堂问题时，不把这一时段列入其中。

一、当代思想政治教育第二课堂初步形成时期(1978—2004)

1. 思想政治教育政策

这一阶段高校思想政治教育的总体思想为“解放思想，改革开放”、坚持四项基本原则、培养“四化”人才，而由于80年代中后期受到资产阶级自由化思潮的冲击，反对资产阶级自由化也成为了后期的思想重点之一。

1978年，党中央十一届三中全会在北京举行，全会决定，全党的工作中心自1979年开始转移到社会主义现代化建设上来。《人民日报》社论指出，“为了把工作重点转移到现代化建设上来，要继续发扬党内外民主，解放思想，发展安定团结的政治局面”。同年12月，教育部决定在全国恢复和增设169所普通高等学校，重点放在加强理工科教育上面。以清华大学为代表的高校，明确工作着重点转移到抓教学和科研工作上来，积极为现代化建设培养高水平的科学技术人才。1979年3月，党中央提出“要在中国实现四个现代化，必须在思想政治上坚持四项基本原则”，随后4月，共青团中央发出《关于纪念五四运动六十周年的通知》，也向广大青年提出坚持四项基本原则的要求。1982年，党的第十二次全国代表大会上，邓小平在开幕词中提出了“走自己的道路，建设有中国特色的社会主义”的重要思想。

1979年3月，《打开思想政治工作的新局面》一文指出，“我们批判林彪、‘四人帮’对政治工作的破坏，而不是否定政治工作本身。政治工作是党的一切工作的生命线”，“要实事求是，对具体问题具体分析”，为新时期的高校思想政治教育工作指明了奋斗方向。1981年提出的社会主义精神文明建设，也进一步提升了思想政治教育工作的地位。1989年3月，邓小平曾深刻指出，“十年最大的失误是教育，这里我主要是讲思想政治教育”，1990年2月，邓小平会见霍英东时再次提到这一点，并说“不抓这条，中国就团结不起来”。这更加明确了思想政治教育工作的重要地位。

从1985年3月的中宣部、教育部与部分高校同志的座谈会上提出的"当前在高等学校中很有必要在党内外深入进行一次形势教育"，到 1985 年 9 月党中央颁发《关于教育体制改革的决定》，1986 年 12 月《人民日报》连续两篇关于政治改革和讲民主的评论员文章，再到 1987 年 1 月《人民日报》发表社论《旗帜鲜明地反对资产阶级自由化》，反映了资产阶级自由化思潮对思想政治教育，甚至国家体制改革、民主进程的冲击。为此，从 1987 年起，一方面倡导大学生从实践中学习，实行自我教育，另一方面在思想政治教育工作中坚持社会主义方向，坚决反对资产阶级自由化。

为了响应建设有中国特色的社会主义，这一阶段的高校思想政治教育工作，面临全新挑战，不仅承担培养全面发展的"四化"人才的重任，还肩负着反对资产阶级自由化的使命。工作内容包括中国特色社会主义理论教育、形势与政策教育、"四有"人才（有理想、有道德、有知识、有体力）的培养、爱国主义和革命传统教育、品德纪律和学风校风教育等，具体工作结合经济体制改革和教育改革来进行。

在反对资产阶级自由化方面，通过加强形势教育，建设好马克思主义理论教材和教师队伍，努力建立一支精干而稳定的政工部队，1990 年 2 月，何东昌到厦门大学调研时提出："在马克思主义理论课教学中，要理直气壮地批判自由化的错误观点，科学地回答现实中的问题，讲明马克思主义没有过时的道理，帮助青年学生弄清中国为什么只能走社会主义道路，为什么不能搞多党制，以及怎样看待腐败问题。"

在这一阶段里面，思想政治教育全面恢复理论教学，开始探索社会实践。

思想政治教育开始逐步成为一门学科。1979 年 8 月，北京、华北地区高等学校政治理论课教学大纲讨论会在北京举行。与会同志，一致指出目前政治理论课教学中存在威信受损的问题，导致一部分学生对学习政治理论课兴趣不大，因此，提高政治理论课的威信，真正发挥政治理论课的巨大教育作用成为这一阶段理论工作的重点。1980 年 7 月，教育部的《改进和加强高等学校马列主义课的试行办法》规定:全国高校本科开设“中共党史”“政治经济学”“哲学”,文科专业加开“国际共产主义运动史”,也可试开“科学社会主义”,并规定了学数、学时。1982 年 10 月,教育部又下发《关于在高等学校逐步开设共产主义思想品德课程的通知》指出:“为了培养学生成为有革命理想、讲革命道德、守革命纪律、有文化的又红又专的人才,有必要把共产主义思想品德作为一门必修课,逐步纳入教学计划。”1985 年 4 月,教育部召开高等学校马列主义理论课教学研讨会,同年 8 月,国家教育委员会发出《关于改革学校思想品德和政治理论课程教学的通知》(简称《通知》),突出了思想品德和政治理论课的重要地位。1986 年 3 月国家教育委员会提出:“从 1986 年起,用三至五年时间进行政治理论课教学改革工作,逐步开设出新课程的设想。”同年 9 月,国家教育委员会《关于在高等学校开设“法律基础课”的通知》指出,按照中共中央和全国人大常委预案在全民普及法律常识的要求,在全国大学中开设“法律基础课”。1987 年 10 月,国家教育委员会发布《关于高等学校思想教育课程建设的意见》,根据新时期的要求和学生的思想实际情况,规定设置“形势与政策”“法律基础”两门为必修课,“大学生思想修养”“人生哲理”“职业道德”三门可因校制宜有选择性地开设。1987 年 12 月,“马克思主义理论教育”作为一个新的学科被正式列入国家教委制定的高等学校本科、研究生专业目录,这个新的学科坚持“三个面向”,坚持理论联系实际,用改革精神改善和加强马克思主义理论教育。

社会实践逐步兴起,常规化,形成思想政治教育新兴的有效载体。1980 年,清华大学学生首次提出了“振兴中华,从我做起,从现在做起”的口号,北京大学学生提出“团结起来,振兴中华”的口号,各地高校纷纷响应,涌现了一批大学生自主开展社会调研和咨询服务的活动,社会实践开始走向思想政治教育工作的前台。1983 年 10 月,团中央、全国学联发出通知,决定在“一二·九”学生运动四十八周年之际,组织全国高校学生于 12 月 4 日至 11 日开展“社会实践周”。1987 年 6 月,国家教委、团中央联合发布了《关于广泛组织高等学校学生参加社会实践的意见》，标志着社会实践已成为思想政治教育的重要形式，此后 1988 年国家教委对高等学校文科社会实践工作提出了指导意见，同年年底，首次表彰了先进实践集体。1990 年 5 月，中宣部、国家教委、共青团中央就开展暑期社会实践提出了联合指导意见，指出“社会实践活动是我国高等教育的重要组成部分”，要求各地、各学校“抓紧抓好”。社会实践的内容也从单一的社会调查，逐步拓展形成了参观考察、劳动实践、服务咨询等形式多样的活动。

中央要求加强高校领导班子建设，补充年轻力量；把学生思想政治工作列入党委的重要议事日程，校系两级都要有一名副书记分管学生的思想政治工作，党委可根据情况设立学生政治思想工作机构，如学生工作部；1984 年总结清华大学 30 年来“双肩挑”（“双肩挑”即一面从事教学、科研或专业学习，一面做学生的思想政治工作）政治辅导员制度的经验，逐步在各高校推广；同年 11 月，中宣部、教育部联合发出《关于加强高等学校思想政治工作队伍建设的意见》，明确指出“高等学校的思想政治工作队伍实行专职和兼职相结合”，同时《意见》中提出的“实行正规培训”是工作队伍建设的重大改革，除了思想政治教育专业的本科班、第二学位班外，还要开办研究生班，并在个人待遇和发展方向上予以明确支持。1986 年，国家教委就选配品学兼优的应届毕业生充实高等学校思想政治教育工作队伍发出《通知》，《通知》指出，“一定要舍得选配品学兼优的大学本科毕业生和毕业研究生从事思想政治教育工作”。1989 年 7 月，明确实行党委领导下的校长负责制。

其他形式的思想政治教育包括组织业余文体活动等等。以武汉市为代表，开展评优工作，组织“争当新长征突击手”“创先进团支部”等活动；北京学联开展“文明宿舍”“文明教室”等活动，开展“五讲”“四美”文明礼貌活动，运用电教手段加强学生思想政治教育结合电视教学录像片，拓展宣传教育形式，开展学生军事训练成为爱国主义教育、国防教育的重要组成部分，学雷锋、学习张海迪同志的先进事迹;1984 年 9 月,教育部负责人指出“全日制学校应每日升挂国旗”;高校内外的主要新闻报纸刊物继续成为思想政治教育工作的主要阵地;开展公益劳动、服务咨询、文艺演出为主的“社会服务日”活动,以复旦大学为代表,1989 年 11 月 1 200 多名学生冒雨开展活动,开创学生科技创新工作新局面,1989 年起两年举办一届“挑战杯”全国大学生课外科技作品竞赛;以申奥为契机,积极开展奥运系列活动,活跃校园文化生活。

1992 年 10 月,党的第十四次全国代表大会在北京召开,确定我国经济体制改革的目标是建立社会主义市场经济体制。同年 12 月的“社会主义市场经济与高校思想政治工作”座谈会上,与会代表一致认为,“经济的加速发展为思想政治工作创造了良好环境,思想政治教育应当解放思想,转换脑筋,大胆创新;思想教育的主旋律应仍然是爱国主义、集体主义和社会主义”。同时,也有学者提出,应将市场经济要求的商品意识、竞争意识、效率意识、信誉意识也作为价值观教育的基本内容,充实价值观教育体系。

1996 年 10 月,中共中央十四届六中全会通过了《关于加强社会主义精神文明建设若干重要问题的决议》,指出“加强青少年思想道德教育,是关系国家命运的大事,各级各类学校都要全面贯彻党的教育方针,坚持社会主义办学方向,加强德育工作”。

2000 年 2 月,江泽民在广东考察工作时,从全面总结党的历史经验和如何适应新形势新任务的要求出发,首次对“三个代表”重要思想进行了系统阐述。2001 年 3 月,江泽民在清华大学建校 90 周年大会上发表重要讲话,向高等教育领域贯彻“三个代表”重要思想提出了实践要求,并对大学生提出了五点希望,贯穿了“以德治国”的重要思想,是高校全面推进素质教育的核心内容。

受到全面推进社会主义市场经济体制改革的影响,这一阶段高校思想政治教育的任务重大,工作内容上,不仅要兼顾市场经济所要求的各种价值观意识和价值主旋律,防止消极文化思想在学校中蔓延,还要积极应对市场经济改革过程中思想政治教育新出现的难点问题。

根据市场经济发展对人才的实际要求，推进素质教育。1994 年 8 月，中共中央印发了《爱国主义教育实施纲要》，指出继承和发扬爱国主义传统具有十分重要的现实意义。同月，中共中央还颁布了《关于进一步加强和改进学校德育工作的若干意见》，指出要“整体规划学校的德育体系”，“深入持久地进行爱国主义、集体主义和社会主义思想教育”，“建立市场经济体制下迫切需要的素质教育”。2002 年 12 月，陈至立在《学习贯彻十六大精神，全面开创教育工作新局面》的工作报告中提出，新时期的德育工作要反映时代的新发展和学生生活环境的新变化，不仅要尊重学生个体成长的规律，还要深入研究新时期学生思想变化的特点。2003 年 2 月，教育部在进一步加强关心下一代工作委员会工作的意见中指出，思想政治教育包括思想理论教育，理想信念教育，主旋律教育，传统教育，历史与国情教育，道德与法制教育，党团基本教育。

2. 思想政治教育第二课堂形式

在这一阶段，思想政治教育的形式逐步发展到充实“两课”平台，巩固社会实践，拓展教育形式。

1993 年 8 月，《关于新形势下加强和改进高等学校的建设和思想政治工作的若干意见》明确指出要把“两课”作为重点课程来建设。1995 年 10 月，国家教委引发《关于高校马克思主义理论课和思想品德课教学改革的若干意见》，《意见》围绕“两课”教学改革从十个方面进行了说明，有效地指导了高校“两课”的整体建设，使其在新时期为培养全面发展的“四有”人才发挥了积极的作用。1996 年 10 月，国家教委发布了《关于进一步加强高等学校〈形势政策〉课程建设的意见》，进一步明确了“形势与政策”课程的性质和重要地位，它是“学校德育工作的一项重要内容”，并作为大学生必修课要列入大学教育全过程。1998 年 4 月，教育部调整“两课”课程设置，开设《邓小平理论概论》。

1995 年，中宣部、团中央、国家教委联合发出通知，要求连续开展“中国大中学生志愿者扫盲与科技文化服务活动”，此后5年时间，连续开展该项活动，进一步深化了社会实践和志愿服务活动，在活动的过程中逐步建设稳定、精干的志愿服务队伍，形成了科学、规范的志愿服务机制。坚持“受教育、长才干、作贡献”，1997年6月，中宣部、国家教委、团中央、全国学联在北京召开座谈会，部署和推进全国大中学生志愿者暑期文化科技卫生“三下乡”活动，进一步拓展了社会实践的内容与形式。1994年12月中国青年志愿者协会在京成立，胡锦涛在贺信中指出，青年志愿者行动作为共青团“跨世纪青年文明工程”和“跨世纪青年人才工程”的重要组成部分，是动员和带领广大青年投身两个文明建设的可贵尝试和新的创造。1999年6月，共青团中央、教育部发出《关于做好青年志愿者扶贫接力计划支教工作的通知》，决定从1999年开始，共同组织青年志愿者扶贫接力计划支教工作。通过进一步深化志愿服务系列活动，扎实推进群众性道德实践活动。结合环境日，开展志愿服务工作。总体来看，社会实践形式得到拓展，志愿者服务蓬勃发展，服务面和服务时间呈上升趋势。

浙江高校依托学生公寓，推进学生思政工作的创新；2002年2月，《关于加强学术道德建设的若干意见》，将学术道德教育作为新时期道德教育的新内容；网络已成为思想政治教育的新阵地，应用正确、积极、健康的思想文化占领网络阵地；心理健康教育是实施素质教育的重要举措，是促进全面发展的重要手段，正逐步成为思想政治教育的重点之一；继续坚持开展军事训练工作；扎实推进学生科技创新工作，结合市场经济发展的要求，1998年首次举办“挑战杯”全国大学生创业计划大赛，推进创业教育，培养创业精神和创业人才，营造创业氛围；典型学习，学雷锋、学习孔繁森同志的先进事迹；完善辅导员队伍建设。

2003年1月，江苏省高校思想政治教育门户网站——江苏高校思政网正式建成并开通。2003年4月，教育部号召在各高校中推广中南大学开展网络思政工作的做法。2004年5月，服务全国大学生的公益性大型综合门户网站，全国高校思想教育示范网站——“中国大学生在线”正式开通。这一系列变化都标志着高校思政网络已成为思政教育创新的重要载体、学生喜爱的“精神家园”。随着时代的发展、技术的革新，网络已成为青年学生生活的重要部分，本着“贴近实际、贴近生活、贴近学生”的工作思路，网络理应成为高校德育工作的新阵地。近年来，微博等微网络文化和社交平台的兴起，改变了传统的网络传播模式，使高校德育工作的延展性极大提高，工作难度也相应大幅提升，同时带来了全新的挑战。

二、思想政治教育第二课堂蓬勃发展时期(2004至今)

1. 思想政治教育政策

2004年8月，中共中央、国务院《关于进一步加强和改进大学生思想政治教育的意见》(中发[2004]16号)，开启了新时期思想政治教育工作的新局面，从2004年起，中共中央加大了对高校思想政治教育工作的指导、支持力度。马列主义、毛泽东思想、邓小平理论、“三个代表”重要思想和科学发展观，构成了新时期高校思想政治教育的指导思想。以理想信念教育为核心，深入进行正确的价值观教育，弘扬民族精神、唱响爱国主义，深入开展道德教育和素质教育，形成了新时期工作的主要思路。

可以说，十六大精神开启了这一时期高校思想教育工作的思想创新，这三份文件，尤其是中央16号文件则指引了这一时期工作内容的创新方向。

加上十七大写入党章的科学发展观，这一时期思想理论教育包括：用马列主义、毛泽东思想、邓小平理论、“三个代表”重要思想、科学发展观武装青年学生。

理想信念教育：坚定共产主义远大理想和中国特色社会主义共同理想，关注国家和民族的命运，正确认识个人发展与国家前途的内在关系。

主旋律教育：爱国主义教育、集体主义教育和社会主义教育。

传统教育：中华民族优良传统教育和中国革命传统教育，提升民族自豪感和革命使命感。

历史与国情教育：中国近代史教育、国情和形势任务教育，增强责任感和紧迫感。

道德与法制教育：以基本道德规范为主要内容，对学生青年进行社会公德、职业道德、家庭美德的道德教育；以法律法规宣传为核心，对学生青年进行法制和纪律教育。

党团基本教育：进行共产党、共青团等基本知识教育。

2. 思想政治教育第二课堂形式

现阶段的思想政治教育主要形式是推进思想政治理论课改革，加强网络工作，拓展实践内涵。

2005 年 2 月，中宣部、教育部联合发出《关于进一步加强和改进高等学校思想政治理论课的意见》(简称《意见》)提出思想政治教育的学科建设是加强和改进理论课教学的基础。设立“马克思主义”一级学科，开展马克思主义理论体系研究、马克思主义中国化研究、思想政治教育研究，为推进党的思想理论建设和巩固马克思主义在高等教育教学中的指导地位，培养思想政治教育工作队伍提供有力的学科支撑。意见正式提出以“思想政治理论课”来概括替代原来的“两课”，更好地反映了“马克思主义理论”和“思想品德”这两类课程的内在联系，课程设置上突出了马克思主义基本原理结合中国现实及历史的思考和教育，增强了现实意义。

在中央 16 号文件的指导下，中宣部、中央文明办、教育部、共青团中央联合下发《关于进一步加强和改进大学生社会实践的意见》，《意见》指出：“以邓小平理论和‘三个代表’重要思想为指导，认真贯彻以人为本、全面协调可持续的科学发展观，全面贯彻党的教育方针，遵循大学生成长规律和教育规律，以了解社会、服务社会为主要内容，以形式多样的活动为载体，以稳定的实践基地为依托，以建立长效机制为保障，引导大学生走出校门、深入基层、深入群众、深入实际，开展教学实践、专业实习、军政训练、社会调查、生产劳动、志愿服务、公益活动、科技发明和勤工助学等，在实践中受教育、长才干、做贡献，树立正确的世界观、人生观和价值观，努力成长为中国特色社会主义事业的合格建设者和可靠接班人。”①文件指导大学生社会实践工作拓展服务内容、服务形式。新时期下，文化、科技、卫生“三下乡”和科教、文化、法律、卫生“四进社区”活动逐步成为大学生社会实践的有效载体。新形势下，思想政治教育工作并不拘泥于某一种单一形式，各种形式间不仅是相互关联的，还能够通过结合提高整体工作效率，打开新的工作局面，如网络与建设校园文化相结合、网络与志愿服务相结合、学生创业与公益相结合等。随着经济的持续发展，社会改革的深入，综合运用多种形式开展思想政治教育成为未来的发展方向。

① 《关于加强和改进高等学校校园文化建设的意见》，教育部、团中央，2005 年 2 月。

第三章　思想政治教育第二课堂目前取得的成绩

一、思想政治教育第二课堂现有组织架构

思想政治教育第二课堂组织架构依据思想政治教育开展的层次不同，可以分成3个层次，核心是党组织，其次是团组织，第三个层次是学生自发的学生会社团等组织。

1. 学生党组织

2010年8月，中央印发了新修订的《中国共产党普通高等学校基层组织工作条例》，《条例》就高校党组织的建设、党组织的职责、党员的教育管理和发展、干部工作、思想政治工作和党组织对群众组织的领导做出了相关规定。

《条例》里面跟学生党组织相关的规定，让我们可以非常清楚地了解目前高校学生党组织是所有与学生相关的组织里面最核心、涉及学生最少的组织，但同时又是最具有战斗力和辐射力的组织。高校学生党组织主要承担三个职责，首当其冲的就是宣传、执行党的方针、政策和上级党组织的决议；加强对党员的教育、管理和监督，定期召开组织生活会，开展批评与自我批评；向党员布置做群众工作和其他工作任务，并检查执行情况；培养教育入党积极分子，做好发展党员工作。

针对思想政治教育，在《条例》里面专门有一章做了明确规定“高等学校党的委员会统一领导思想政治工作。同时，要发挥行政领导

和工会、共青团、学生会等群众组织的作用，共同做好思想政治工作”。“高等学校党组织要对师生员工进行马列主义、毛泽东思想教育，特别是邓小平建设有中国特色社会主义理论的教育，党的基本路线教育，爱国主义、集体主义和社会主义思想教育，中国近现代史、中共党史和国情教育，社会主义民主和法制教育，形势政策教育和中华民族优秀文化传统教育，加强和改进德育工作，帮助他们坚定走有中国特色社会主义道路的信念，树立正确的世界观和人生观。”“思想政治工作要坚持理论联系实际的原则，紧紧围绕学校的改革和发展，密切结合教学、科研、行政管理等各项工作和师生员工的思想实际，分别在不同层次，采取多种方式进行。学校党组织要积极创造条件，组织师生参加社会实践，引导他们自觉走与工农群众相结合的道路。”这些规定成为学生党组织在思想政治教育第二课堂发挥战斗堡垒作用的保证。同时，学生党支部的建设，是联系更多普通学生，发挥组织辐射能力的最重要的工作。一般来说，高校学生的党支部建设在班上，但是随着现实社会形态的不断发展，学生交往形式的不断变化，党支部逐渐进入了宿舍楼、实验室等地方。

2. 学生团组织

共青团组织在高校的思想政治教育当中扮演了更为亲近普通学生的角色。共青团是党领导下的先进青年的群众组织，是党的助手和后备军，团组织自身的建设本着党建带团建的原则，高举旗帜跟党走。不但在组织中团结和带领团员，更能够广泛地覆盖到各种青年。

高校共青团相对于党组织来讲更加全面地覆盖到全体学生，在目前的现实之中，基本形成所谓高校“全民团”的格局，就是几乎全部的高校学生都在进入大学以前加入了共青团组织，极个别的同学也在进入大学以后成为共青团员。也由于共青团员的年龄规定，在高校共青团员的比例当中有80%以上都是学生，鉴于此，高校基层团组织当中学生团组织的组织结构就更加清晰。通常高校的共青团的组织系统包括了三个层面。核心层是共青团学校委员会，负责领导整个高校共青团的工作。第二个层面是院(系)团组织，人数较多的成立分团委，人数较少的成立团总支，除了完成学校规定的相关工作以外还负责开展院（系）的具有特色的团工作，第三个层面就是团支部，基层团支部能够开展各类贴近青年生活、增强基层凝聚力的主题活动，并且完成共青团作为有一定的政治属性的群众组织的组织工作。

这样的“校—院—支部”的三级结构，能够相对较好地完成学校整体的工作目标，同时，也能够发挥所有团员的积极性，直接参与到活动中来。学校共青团作为思想政治教育第二课堂的主要设计者之一，能够利用其自身的组织架构保证第二课堂教育的顺利开展。

3. 学生组织

学生会和研究生会虽然是学生自发的组织，但是其本质和学生社团不完全相同。几乎所有高校的学生会和研究生会都在学校党委的直接领导下，在学校团委的直接指导下开展工作，开展生动有效的思想政治教育活动，把广大学生紧密团结在党的周围，在大学生思想政治教育中更好地发挥桥梁和纽带作用。

学生社团是近年来蓬勃发展的学生组织形态，是高校思想政治教育重要抓手和生长点。在这里着重分析一下社团的特点。从社团的组织形式来看，呈现出自愿性、灵活性和开放性的特点。社团是由具有相同志向、兴趣、爱好的学生自发组织而成的，社员自愿聚集在一起，加入社团与否完全由同学自我决定，这种自愿性的特点是社团其他一切特点的基础。对应自愿性的特点，社团的组织机构十分灵活：社团内部大多没有明确的分工，社团对成员也没有强制的约束力，一般都是简单地聚在一起共同努力策划、举办活动。灵活的组织机构也造成活动形式的灵活性，活动可以定期，也可以不定期，可以在校内举行，也可以到校外举行。此外，社团社员结构是极其开放的，没有院系、专业、年级的界限，部分社团甚至还有为数不少的校友社员，因此构成了一个多层次、多方位的纵横交错的交流网络。应该说，社团这种自愿性、灵活性、开放性的特点是很符合当代青年学生学习、生活规律的，因此社团能够对社员有强大的吸引力。

从社团的数量、人数来看，呈现生机勃勃的特点。以复旦大学为例,据统计,截止到 2013 年 3 月底,全校一共有 232 个本科生社团,26 个研究生社团,25 个留学生社团。预计总共吸收了超过 10 000 名社员,每学期开展活动达到 700 余次,预计总共吸引了超过 20 000 人次参与活动。相比于 2006 年 9 月,全校社团总数只有 121 支,短短数年,不但社团数量迅速增加,社团活动参与人数也急剧上升。这些新生社团普遍发展情况良好,部分社团的发展超出预期,社员迅速增长,社团活动关注度不断提高。

从社团活动的核心内容来看,呈现学科与兴趣并重的特点。据调研数据表明,复旦大学学生社团与学科、院系联系密切。在邯郸校区 146 支社团中,有 66 个社团反映一直或曾经一直得到学校院系、各级单位的帮助,占所有社团的 45.2%。其中,有 63.37%的社团经常能得到相关院系的很大帮助,包括活动资金、活动场地、学术支持等全方位支持。几乎所有的体育类社团均表示自己社团活动、社团工作的顺利开展离不开复旦大学体育教学部的大力扶持。另一方面,复旦大学也存在着一批社团,它们依兴趣而建,凭借着自己广泛的"群众基础"以及各种精彩活动,在学校院系帮助相对较少的情况下,同样赢得了很多同学的喜欢。

二、思想政治教育第二课堂现行制度和相关政策

1. 国家政策

教育的开展需要非常大的人力、物力的投入,在时间、教学硬件、师资等方面不仅仅是学校和课程设计部门需要为教育的开展提供相应的政策支持,国家更需要在宏观上总体把握,提供政策支持和政策导向。

在思想政治教育的工作部署方面,目前最重要的中央的指导性文件就是《中共中央国务院关于进一步加强和改进大学生思想政治教育的意见》(中发[2004]16 号文)。这个文件不但高屋建瓴地对大学生思想政治教育的方方面面做出了宏观的规定,也为高校思想政治教育第二课堂的推进提供了政策依据。

《中共中央国务院关于进一步加强和改进大学生思想政治教育的意见》(中发[2004]16号文)首先明确了大学生思想政治教育工作的重要性,虽然没有提出"思想政治第二课堂"这个提法,但是,文件已经明确大学生思想政治教育的6条基本原则,其中有5条都有第二课堂相关表述,文件提到"坚持教育与自我教育相结合","充分发挥学校教师、党团组织的教育引导作用","调动大学生的积极性和主动性";"既重视课堂教育,又注重引导大学生深入社会、了解社会、服务社会";要把"思想政治教育融于学校管理之中";"积极探索新形势下大学生思想政治教育的新途径、新办法,努力体现时代性,把握规律性,富于创造性,增强实效性"。在这样的原则指导下,可以说思想政治教育第二课堂获得了前所未有的政策地位。其建设和开展已经列入了国家整体教育计划的一个部分。中国古语有云:"名不正则言不顺,言不顺则事不成。"在这个政策前提下,思想政治教育第二课堂在被肯定的同时也获得相对宽阔的发展空间。

针对思想政治教育第二课堂的活动形式,国家政策层面也有相应的表述,作为新形势下大学生思想政治教育的有效途径,社会实践、校园文化建设、网络思想政治教育阵地、心理健康教育已经成为第二课堂固有的活动形式和教育空间。

同时,针对思想政治教育的组织保证,文件明确了学生党组织、共青团组织、班级和学生社团都是开展思想政治教育第二课堂活动的现有组织。大学生思想政治教育工作队伍主体是学校党政干部和共青团干部,思想政治理论课和哲学社会科学课教师,辅导员和班主任。

对于大学生思想政治教育工作队伍的选拔、培养和管理机制。文件要求各高校研究和制定加强高校思想政治教育工作队伍建设的具体意见,吸引更多的优秀教师从事学生思想政治教育工作。提出要实施大学生思想政治教育队伍人才培养工程,建立思想政治教育人才培养基地。选拔推荐一批从事政治教育思想的骨干攻读思想政治教育相关专业的硕士、博士学位。完善大学生思想政治教育专职队伍的激励和保障机制。明确从事思想政治教育工作师资配比，在政策和待遇方面给予适当倾斜。

国家层面的文件精神使得思想政治教育第二课堂在各个高校获得物质保证、师资保证和时间保证的前提下顺利推进。

2. 学校政策

有了国家层面宏观政策保证，各个学校就能够结合自身实际情况制定其相关的政策，在学校层面的政策一般包括三个方面：第一个方面是组织保证，即思想政治教育第二课堂的内容设计和实施者；第二个方面是物质投入，这里的物质投入包括相应的活动场地的保证和经费保证；第三个方面也是最重要的是师资投入，即落实大学生思想政治教育专职队伍的激励和保障机制。

在目前我国高校的思想政治教育第二课堂开展方面，主要是由学校党委牵头、学生工作部（研究生工作部）[①]和团委一起开展的，包括分析大学生思想状况和思想政治教育工作状况，制订总体规划和各部门职责，对大学生思想政治教育作出全面部署和安排。其次，物质上各个学校会根据自身具体情况制定相应的政策，有的学校提供充足的学生活动用房，有的学校提供相对宽裕的学生活动经费。第三，各个学校都有专职的团干部、专职辅导员与班主任队伍以及相应的管理队伍保证，并且制定了针对这些人群的不同程度的保障政策。

3. 活动政策

思想政治教育第二课堂由于没有在学校整体层面的课程设计，所以，思想政治教育第二课堂的活动相对呈现出碎片化的状态，于是针对相对独立的各种活动就必须发布其相应的规定。

现有的活动政策一般都是由部门通知或者以共青团文件的形式呈现的。学生工作部门一般会以年度为单位，发布工作要点，确立年

① 在目前，我国的大学学生工作一般都归属于党委学生工作部或者学生工作处，但是，有很多大学本身设立了研究生院，研究生的工作在这些大学就归属于研究生院下设的党委研究生工作部或者研究生工作处，这里主要是针对全部的学生工作，即涵盖了本科生和研究生的整体情况。

度工作重点，尤其是确立主题教育活动的主题，然后以通知的形式下发到各个院（系）相应的学生工作部门，开展活动。高校共青团组织也形成了相应的工作范畴，尤其是社会实践、志愿服务、学生创新创业、社团活动、校园文化建设等等一系列的工作节奏在各个年度基本相同，只是根据国家政策的变化进行每一个年度的微调。活动政策相较学校政策而言倒是更加具体和落到实处，容易把思想政治教育第二课堂需要的相关资源落到实处。在这里，我借用复旦大学学生课外科技创新工作相关政策作为案例简要分析：

在筹备2012年第十二届“挑战杯”全国大学生课外学术科技作品竞赛的工作当中，复旦大学在2011年11月成立了复旦大学组委会，组委会由分管学生工作的党委副书记做主任，分管学校科研研究的副校长做副主任，形成党政共管的工作格局，组委会的委员则由各个职能部处负责人和院系的学生工作负责人组成，保证活动的推进能够很好地深入院系。组委会还设置秘书处在团委，保证日常工作的正常跟进。

同时发布第十二届“挑战杯”复旦大学选拔赛竞赛工作日程安排：

12月下旬：

召开校内选拔赛组委会第一次会议。各院系成立院系工作小组。

12月—1月：

各院系进行预报名。

各院系向组委会秘书处递交申报项目列表，包括项目名称、项目作者、指导老师、项目简介等基本情况。为了保证学校参赛项目在研究方向上的丰富性，每个院系申报项目数量控制在3—5个。若个别院系的申报项目数量大，且质量高，则向组委会秘书处特别说明。

1月—2月底：

各参赛项目作者和指导老师利用寒假，完成完整的项目申报书和相关工作。

2月底：

各院系通过指定网站，上传完整的项目申报书。

2月底：

对院系推荐的项目进行通讯评审。

自由申报截止并对自由申报的项目进行通讯评审。

3月下旬：

举行项目作者培训会，将通讯评审中的评委意见反馈给项目作者，并告之初赛要求和评审细则。

按项目类别分场次举行初赛答辩，确定入围复赛的项目。

4月上旬：

按项目类别分场次举行复赛答辩，确定入围决赛的12个项目。

4月下旬：

举行校内决赛。

组委会秘书处同相关院系，针对每个入围决赛的项目组织培训，邀请专家对项目的各个方面进行针对性指导。

5月—6月：

参加上海市选拔赛初赛、决赛、并结合上海市比赛结果，最终确定参加全国比赛的6个项目。

6月底：

递交参加全国比赛的6个项目的申报书。

这样的日程安排相对于一个课堂教育来说就是一个大致的教学计划，对于这个活动，激励和保障政策亦不可少，《第十二届"挑战杯"全国大学生课外学术科技作品竞赛复旦大学奖励政策》包含了针对参赛个人奖励措施，对于获奖的参赛学生，在下一次的奖学金评比中，比照取得的奖项，颁发相应奖金。同时规定奖金由学校奖学金基金支付，奖金的具体分配方案由作者协商解决。配套给予获奖同学在符合学校直升硕士研究生资格条件下，免试直升硕士研究生等等。对于在比赛中指导学生获奖的指导教师可获得相应奖励，明确该项奖金由校团委科创专项基金支付。

针对院系组织工作奖励措施则规定以积分的方式进行评选,奖励在挑战杯组织工作中贡献突出的院系。同时,个人组织工作奖励也有明确规定,在组织工作中评选出突出贡献奖和贡献奖若干名,并配套具体奖励。

除此之外,有关活动的申报方式也出台相应的政策和规定,让学生在参与的过程中了解如何操作。

这样一个完整的活动政策很好地展示了一个思想政治教育第二课堂活动所需要的全部政策支持,有了这样的政策保证,活动就能够充分应用学校各种资源,包括资金的投入和教师的投入以及组织工作的顺利开展,学生就能顺利地参与到这样的第二课堂活动安排当中来。越来越多的这样的活动政策被慢慢地制定出来,保证了思想政治第二课堂各项活动的有序进行。

三、思想政治教育第二课堂形式和内容

思想政治教育既要教育人、引导人,又要关心人、帮助人。在课堂教学传授知识的前提下,思想政治教育更承担了努力解决大学生的实际问题,为大学生成长成才创造条件的重要功能。思想政治教育第二课堂涵盖的工作非常广泛,包含了经济困难大学生的资助工作,形成以国家助学贷款为主体,包括助学奖学金、勤工助学基金、特殊困难补助和学费减免在内的助学体系,帮助大学生完成学业。更要帮助大学生树立正确的就业观念,引导毕业生到基层、到西部、到祖国最需要的地方建功立业。同时还要建立健全大学生就业指导机构和就业信息服务系统,提供高效优质的就业创业服务。通过服务育人、管理育人,把党和政府对大学生的关怀落到实处。在这样的视野下,我国高校思想政治教育第二课堂按照其外在表现形式大致可以分成以下几类。

1. 主题活动教育

思想政治教育的根本目的是用中国特色社会主义理论体系武装大学生的头脑,先进的思想具有巨大的影响力和号召力,可以吸引

人、凝聚人、激励人。面对社会思想的日益多元化，大学生迫切需要坚定理想信念。而主题教育活动是实现思想引领的有效载体，使理想信念教育取得实效。一般来说主题活动的开展首先要通过回顾党领导人民建立新中国以来，特别是改革开放以来取得的巨大成就，引导广大学生增强民族自尊心、自信心和自豪感，自觉把强烈的爱国之情和报国之志转化为强国之行。

第二是弘扬"爱国、进步、民主、科学"的五四精神，引导学生认识时代赋予的崇高责任，自觉把自己的人生追求同祖国的前途命运联系起来。

第三是宣传党和国家的民族政策和有关法律法规，宣传民族关系、民族团结进步事业的不断进步，引导学生树立各民族团结奋斗、共同繁荣的观念，坚决维护民族团结、祖国统一。

在传统活动形式的基础上，主题教育通过多样化的活动形式，力求呈现大学生崭新的面貌，包括：强化精英认同意识，希望经过不断实践和探索，让大学生群体更好地认识到自身作为社会未来精英群体的责任，传承复旦人的精神气质；弘扬传统文化，通过时间的积累，增强大学生对祖国传统文化财富的理解，并将其内化为爱国荣校之情。在思想政治第二课堂教育开展的过程中主题教育充分地体现出以下几个特点：

首先是思想性，在开展主题教育的过程中，高校学生工作部门和各院系承担着把握方向的重要作用，围绕着国情教育，始终坚持活动的思想性，把握正确的导向，有效地保证了主题教育的效果。

第二是时效性。教育契机的把握非常重要，简单地来说，要抓住合适的时机做好主题教育。比如说 2008 年，奥运会在北京举行，在中国的大地上奥运火炬传递形成一个很好的主题教育的契机，在这样的活动中，融合热爱祖国的主题就非常契合，同样是 2008 年，5·12 汶川地震发生以后，高校的思想政治教育工作者们发现这既是一种严峻的考验，也为凝聚青年人心、激发爱国热情提供了很好的教育契机。2009 年是中华人民共和国成立 60 周年，回顾国家建设的历程，回顾改革开放的成果，宣传我国取得的成绩，坚定走社会主义道路的决心。2009年也是五四运动90周年、纪念西藏民主改革50周年、澳门回归10周年。这些重要纪念节点蕴含着丰富的思想内涵和教育资源，以这些活动为契机，紧扣大力弘扬以爱国主义为核心的民族精神和以改革创新为核心的时代精神这一要求，集中组织形式多样、特色鲜明的主题宣传教育活动，在学生中广泛开展理想信念教育、爱国主义教育、革命传统教育和民族政策教育等。2010年上海世博会，围绕上海世博会的开展，以“支持世博、参与世博、体味城市、阅读城市”为主线，在大学生中开展“文明城市风，青春世博行”主题教育活动，加强理想信念教育、弘扬世博精神、理解世博意义，进一步激发了大学生的社会责任意识与爱国荣校情怀。2021年，庆祝中国共产党成立100周年、纪念辛亥革命110周年也是很好的思想政治教育开展的契机，“学党史、知党情、跟党走”主题教育活动贯穿全年，培养大学生的爱国情怀，坚定理想信念，在贴近学生的基础上，有效凝聚学生、引领学生。

第三是延续性。学生工作各部门①形成的一些优秀的品牌项目，“主题教育活动”、“党员成长计划”、“示范党支部创建”、“生涯发展教育”、“研究生支教团”等都是高校思想政治教育当中各具特色的品牌，需要在继承中不断发展，在发展中不断创新。创新并不是说改个名称，重新另起炉灶，而是应该在原有积累的基础上进一步继承和发扬。

在主题教育里面，还特别需要提到的是仪式教育，其重要性和一般的活动不同。首先，本文讨论的仪式定义如下，多指典礼的秩序形式。在人类学研究视野和意义范畴内，仪式首先被限定在人类的“社会行为”这一基本表述之上。英国象征人类学学派大师维克多·特

① 在目前，我国的大学学生工作一般都归属于党委学生工作部或者学生工作处，但是，有很多大学本身设立了研究生院，研究生的工作在这些大学就归属于研究生院下设的党委研究生工作部或者研究生工作处，这里主要是针对全部的学生工作，即涵盖了本科生和研究生的整体情况。

纳认为，任何一种人类社会都用仪式和典礼来庆祝或表达它的欢乐、悲伤和胜利。

其次，仪式分为国家仪式、组织仪式和个人仪式三个层面。

国家仪式指由国家层面的政权正式主导或派员参加，普通民众主动或被动参与，出于某种原因，周期性或指向性进行的程式化活动。现代性国家仪式，社会并非关注表面形式，而是看重形式背后操演者的价值观和行为取向。国家仪式是国家意识的直接呈现，直接反映出执政者的价值导向和意识形态取向。

现代国家仪式操演的目的主要为国家社会服务。比如，国庆阅兵式是“展国威、扬军威的最佳方式，更是树立民族自信心和自豪感的重要形式”。汶川地震后的三天全国哀悼日的意义就在于：第一，是关注民生、尊重民意的民主政治的体现；第二，设立全国哀悼日，是国家制度建设上的一个里程碑；第三，设立“全国哀悼日”，必将凝聚全民的力量；第四，三天举国哀悼，是全民族精神上的一次升华；第五，设立“全国哀悼日”，展示中国更加开放的姿态。“国家级”公祭中，其“文化搭台，经济唱戏”是为发展地方经济，而仪式本身展示的是中华民族共祖的象征——黄帝。此类国家仪式正体现出其本意：构建民族国家认同，形塑国家政治文化，改善国民政治观念。

每一个组织在成立后经过几个阶段，进入成熟阶段以后，就逐步形成其特有的组织文化，组织文化发展到一定阶段就会由组织仪式体现出来。一般来说，组织层面的仪式表现出四个基本特征：一、象征性，仪式的各个环节代表了组织本身的文化精神；二、表演性，仪式本身的程式化和可重复性在这里表现；三、文化性，仪式本身作为一种文化的产物能够把组织文化可以展示的部分集中呈现；四、活动的系统性，即仪式的每一个部分都不是独立存在的，他们是相互关联的，是组织文化活动。

同时，组织仪式具有以下几个作用：1)组织精神的传承与接续；2)组织成员的“粘合剂”；3)促进组织与外界运用文化的符号进行交流；4)反映社会对组织的认同。

对于每一个个人来说，人生是由一个又一个阶段组成，每个阶段有不同的任务和意义。一般来说，在每个阶段的临界点有其特定的仪式及象征符号，这就是属于仪式层次分析当中的个人仪式。其中代表性的仪式有诞生礼、成年礼、婚礼和葬礼等。这些系统性的仪式及其符号标志着人生度过一个阶段，进入下一个阶段。并且，人生各个阶段由许多文化元素聚合成一个主题，以此相互关联，完成生命的旅程。

个人仪式同样是一个秩序井然的过程，更重要的是与前两个层次的仪式不同，这是一个关系重构的过程。一般来说，个人仪式是一种共同参与、共同庆贺的仪式，是个人与社会秩序和情感交流的关系以及其中身份的确立与关系的建构。对于人生仪式的研究，目前学界通常将之确定为“过渡礼仪”。在这里，我们不着重探讨个人仪式层面的文化及价值内涵，但是经过各种个人仪式的洗礼，人们对仪式本身产生共鸣。

在现有的高校德育框架当中，仪式教育已经在被广泛地运用，目前存在的各类仪式种类繁多、层次不同、规模有别、场合各异，形成了一系列覆盖学生整个大学生涯的仪式集合。从目前的现实情况来看，一般由以下几类仪式组成。

开学典礼：这是每一个大学生进入大学都一定会经历的第一个仪式，开学典礼旨在让每一个学生刚刚来到学校的时候对学校产生认同，形成自我身份认定，有归属感，开始新阶段的人生。一般的开学典礼大致会经历几个环节，升国旗、奏国歌，介绍学校学习生活情况、教师代表发言、新生代表发言、在校旗下宣誓、校长讲话，唱校歌结束。

升旗仪式：这个仪式严格来说应该属于国家仪式的范畴。正是由于升国旗本身已经实现一套完整的意义赋予过程，对于每一个公民来讲，都会在不同场合参加，尤其是在国家庆典的重要时刻，升旗仪式是国家庆典的重要组成部分。所以这个仪式的象征意义最为强烈和直接。在高校德育的过程中间，升旗仪式往往就成为最能够实现意义的说服的途径之一。同时在高校德育的框架下，高校升旗仪式时间点的选择通常决定了升旗仪式还要赋予除了国家意义以外的德育内容。一般来说，升旗仪式会在国庆日、校庆日，以及各种重大集会活动的开场部分进行。国庆日和校庆日的升旗仪式是本文当中要分析的样本。这个时间段的升旗仪式完全是围绕升国旗这个主要环节开展的思想政治教育。主要的程序是，出校旗、出国旗、升旗、国旗下的讲话、放飞气球鸽子等。

奖学金颁奖仪式：这是大学期间最重要的仪式之一。这里其实包含了两层涵义，其一，奖学金是对获奖学生学习能力的认可，是评判优秀学生的一个重要标杆，因而颁奖仪式是对获奖学生价值的充分肯定，起到了激励获奖学生的作用；其二，奖学金颁奖仪式也是榜样教育的一部分，通过奖励优秀代表，树立个体榜样，鼓励广大学生努力抓好学习，营造良好的校园学习氛围。从这两个角度来看，奖学金颁奖仪式是最直接体现学习价值、激发学习动力的仪式。

一般的颁奖仪式会包括几个环节，冠名企业代表致辞，说明评奖过程，宣读获奖名单，颁发证书和奖杯，获奖者代表发言，领导寄语。

宣誓仪式：大学生最直接体会庄严感的仪式之一，这类仪式更多的是以其他仪式的重要组成部分的形式出现，比如说开学典礼、誓师活动、毕业典礼等。宣誓仪式过程中，参与的每个学生都要宣读誓词，宣读的过程也是思想信念教育的过程。而在不同的主题下，宣誓仪式有着不同的意义。开学典礼上的宣誓，表达的是一种信心和决心，而在入党宣誓时，则表达的是一种信仰和信念。谈到入党宣誓，这是新党员信仰教育的重要组成部分，也是提高基层党组织凝聚力的重要抓手。

综合来说，宣誓仪式分为两类，集体宣誓和个人宣誓，集体宣誓一般会在各种重大集会活动的高潮部分进行，由学生代表领誓，个人宣誓主要指入党宣誓，由宣誓人独自宣誓。

各类活动誓师大会及出征仪式：誓师大会是激发学生热情，让大学生群体向学校和社会表达坚定信念的仪式。对于参加活动的学生个体来说,这类仪式能够帮助他们了解活动的全貌,增强他们对于活动的责任感和完成活动的信心,形成活动群体中的自我身份认定,产生归属感。对于活动的学生群体来说,仪式是向学校表达坚定信念,向社会发出复旦人的呐喊,是群体信念的集中体现。在仪式的过程中,学生的集体主义意识能够得到增强。对于一般的誓师大会或出征仪式,主要有以下几个环节,活动总体介绍、学生代表发言、宣誓环节、校领导讲话。

毕业典礼:和开学典礼相对应,毕业典礼是每一位大学生走出校园的最后一课,毕业典礼意在让每一个学生即将离开学校的时候,总结回顾大学生涯,感恩老师的辛勤付出,树立未来远大理想,铭刻复旦人的标记,带着历史使命感、社会责任感和母校归属感,开始新阶段的挑战。毕业典礼的每一个环节都充满了学校对每一个毕业生的肯定。

毕业典礼一般放在学年的最后阶段,主要流程环节包括,毕业纪念大片、感恩老师、优秀校友代表发言、学位授予仪式、毕业生代表发言、向母校赠礼、校长讲话,唱校歌结束。

2. 社会实践教育

社会实践是大学生思想政治教育的重要环节,"读万卷书,行万里路。"中国传统教育思想里面就有着对实践这种教育方式的各种肯定性的论述。现在的社会实践是让学生以实践的方式了解社会、了解国情,增长才干、奉献社会,锻炼毅力、培养品格,增强社会责任感。同样,要达到这样的目的,高校就要相应地建立大学生社会实践保障体系,尊重教育基本规律,探索实践育人的长效机制,引导大学生走出校门,到中国的各个地方,尤其是到基层农村、基层工厂去,以群体的方式真正地接触广大的工人、农民和普通群众。

目前的高校开展社会实践基本形成了一套完整的时间上全覆盖、内容上全覆盖以及参与学生无差别全覆盖的育人体系。在组织与开展方面,做得完整的高校一般能够做到以下几个方面:完善组织体系,增强上下沟通。学校利用党团组织或者班级以及社团这样的学生组织在学校里面进行纵向延伸，一般建立“学校—院系—班级”的三级管理体系或者“学校团委—院系分团委”的两级审批体系，为学生更好地完成社会实践创造便利；加强项目主体引导，顶端设计与学生自发相结合。通常的做法是学校在每一年度的社会实践工作当中根据当年的社会热点设置社会实践的相关主题，区别设置不同的实践类别，针对不同的实践内容和教育目的一般形成诸如“实践科学发展观，我为家乡献一策”、“关注城市发展，共创和谐社会”、利用自身专业优势提供社会服务等等。做精细设计的高校还会设计主题竞标项目，有专门的指导老师、专项经费保证顶端设计项目的顺利进行；形成系统宣传体系，带动实践热情。通过多年以来的建设与整合，一般高校都形成了一整套宣传动员工作体系，开展实践系列讲座，上年度的优秀项目和评审老师访谈的系统，历年实践报告册、申报书等材料的网上查阅和实体借阅。通过各种形式的宣传活动，让有意于实践的学生能够获得全方位的信息和充分的经验，提高实践水平，从而更好地参与、组织、完成实践活动。

社会实践教育的特点突出，效果明显。大学生在社会实践活动中受教育、长才干、作贡献，增强社会责任感。在社会实践教育当中，体现出的特点基本包括。

(1) 通过不同的项目，培育优秀人才

社会实践和一般的思想政治教育工作不同，社会实践以项目为单位开展，每一个项目一般 5—10 人，只有个别特别巨大的项目成员会超过 20 个，但是这些学生在参与这些巨大的项目的时候往往扮演着某个细节的具体完成者，实践效果甚至不如小型项目。所以项目的不同，参与者的收获亦不太相同。“顶端设计”就可以在学生自主选择项目的时候起到适度引导的作用，让学生能够关注到当今社会热点问题，促进学生下基层。

比如说复旦大学在 2008 年曾经专门设置了“服务震区”主题的社会实践活动。一共有 17 支学生社会实践团队活跃在四川地震灾区，他们开展包括支医支教、考察调研、心理咨询等全方位的活动。

学生们以服务震区为大的目标，结合自身学科特点和实际，设计翔实的实践计划、做好充足的实践准备开展实践。这样的社会实践充分培养学生奉献社会的热情。同时也让学生自我教育，亲眼看到社会的需要。

长期的社会实践基地建设同样是高校社会实践教育顺利进行的重要保障。复旦大学的“十年西部大开发”主题以西部宁夏回族自治区固原市为研究地，从经济、环境、教育、扶贫等方面全面透视西部大开发，为学生提供了解中国农村、中国国情的机会，并侧重新式人才扶贫，通过“书籍传递爱心”、“爱心成就梦想”多媒体文化宣传活动和素质拓展活动、“服务萧关，医网情深”心脑血管疾病义诊活动等，积极为当地开展社会服务。

主题项目的设计使得项目集合了优势资源，提升了实践项目质量、提高学生的志愿者服务水平和调研能力，同时，也通过这一项目培养了一批基层学生骨干。

(2) 紧贴时代脉搏，关注祖国发展

大学生通过实践活动，或进行细致深入的调研考察，了解祖国发展的历史、对照今昔，思考祖国未来发展之路；或远赴万水千山，支医支教，在实践中服务当地人民，树立强烈的责任感与使命感。如“沂蒙山‘红色’产业资源利用情况探究”、“‘我国医疗体制现状及新医疗体制改革’社会调查”、“传承藏族文化，拯救民俗危机——对甘孜州康巴文化现状调查”等，都取得良好的成效，实践项目整体较为突出地体现出复旦学子关注社会、服务社会、情系祖国发展的热诚之心和积极昂扬的精神面貌。

(3) 着眼身边“小事”，建言城市建设

社会的不断发展，城市形态也在不断发展。社会各界都在为城市建设服务。同样社会实践能够为大学生搭建这样的平台，让学生直接接触到社会主义经济建设的最前沿，了解我们的国家经济基础的各个方面。一般来讲学生社会实践团队都会积极投身实践考察，在城市的设施建设、环境整治、文化宣传、社区发展、志愿者队伍的管理建设、市民精神文明建设等各个方面展开实践调研活动。关注身边小事，选择切入点小，力图由表及里，深入剖析城市建设对国家发展、经济建设带来的各方面影响。内容涉及无障碍设施、出租车服务行业，垃圾分类、新能源环保技术，世博纪念品开发、旧城区拆迁改造等各类细致问题，从小处着手考察城市考察身边的生活，在实践与思考中探索城市发展之路。

(4) 着眼中国西部，服务祖国建设

中国西部一般是社会实践的热点地区。很多同学就是在社会实践中，开始关注西部，思考人生发展，将个人发展规划与世情、国情和社情相结合，从而增强到基层、到西部、到祖国最需要的地方建功立业的信心和决心。

(5) 开展多样活动，丰富实践内涵

学生在社会实践中，还能够以摄影、摄像、征文等多种形式将家乡变化和高校所在城市发展记录下来。在同学们的作品中，集中反映了伟大祖国的锦绣山河、优美环境、人民群众的精神风貌、生活幸福以及改革开放和现代化建设的巨大成就，作品内容涉及全国各个省市和社会生活的方方面面。

高校不同程度地把社会实践纳入学校教育教学总体规划，在纳入教学大纲，规定学时和学分，在提供必要经费的进程上有快有慢，但是都在结合学校自身实际不断推进。总体来讲学校积极探索和建立社会实践与专业学习相结合、与服务社会相结合、与勤工助学相结合、与择业就业相结合、与创新创业相结合的管理体制。开展形式多样的社会实践活动。积极组织大学生参加社会调查、生产劳动、志愿服务、公益活动、科技发明和勤工助学等社会实践活动。重视社会实践基地建设，不断丰富社会实践的内容和形式，提高社会实践的质量和效果。

3. 志愿服务教育

高校志愿服务教育的开展和中国志愿组织的不断发展几乎呈现同步进行的态势。中国的志愿者组织就国际范围内来说起步较晚，真正意义上的志愿者组织产生于改革开放之后。改革在经济领域和社会领域留下的一些管理和服务上的"真空",对志愿者组织产生了强烈的需求。此外,所有制结构的多元化产生了政府控制之外的资源,正是这些因素为志愿者组织的生存发展提供了起始条件。由于中国社会的组成人群当中,大学生是相对集中且文化层次较高的群体,更容易接受来自国际通行做法的影响,所以,志愿者组织在中国社会不断发展的过程中,不同类型的志愿者组织里面都有大学生的积极参与,同时,高校的志愿者组织经常成为志愿服务的主要提供者。

改革开放以后,最早出现的志愿者来自联合国志愿人员组织。当时联合国志愿人员组织向中国派遣了包括地理、环境、卫生、计算机和语言等领域的志愿者来中国工作,后来国外的其他组织也陆续派遣志愿者到中国来。

中国最早的志愿者组织产生在社区服务的层面上,即 1989 年成立的天津和平区新兴街道社区服务志愿者协会。另外一支志愿者队伍在共青团系统中产生,并形成了全国性的志愿者组织。1990 年中国大陆第一个正式注册的志愿者团体"深圳市义务工作者联合会",是在深圳市团市委的领导下建立的。1994 年在团中央的发起和领导下建立了中国青年志愿者协会,随后在全国共青团系统迅速推广。

目前,在中国最为活跃、规模最大、影响最大的便是社区志愿者和青年志愿者这两支队伍,他们都有自己的组织体系,都与一定的政府组织联系在一起,最具中国本土特色的也是这两个组织。

社区志愿者一般由当地精神文明办公室和民政部门主管,依托街道、居委以及部分企事业单位,成员年龄跨度从十几岁到几十岁,经常出现"红领巾"和爷爷奶奶一起参加志愿活动的场面。

青年志愿者从属于中国共产主义青年团中央委员会下属的中国青年志愿者协会,大中院校尤其是高校学生是青年志愿者的主体力量。青年志愿者在共青团领导下开展活动,从中央、省(区、市)到地(市)、县各级共青团组织都有自己的青年志愿者协会。在这两大系统之外，中国志愿者组织还包括其他基于非营利意义上的公益性志愿组织。

除了上述两种情况之外，随着人们的公益意识不断增强，尤其是互联网的迅速发展，中国已经出现了很多纯自发组织的非官方、非营利志愿服务活动。例如去西部地区支教①、可可西里保护藏羚羊②、多背一公斤③活动等。这些活动多由已经工作具有一定经济能力的白领青年发起，通过互联网宣传招募，由志趣相投的人们共同参与。这些活动没有固定的组织和团队，人们依靠共同的兴趣与爱心维系在一起。这些志愿公益活动的大量出现，一方面不断地辐射到高校的学生，另一方面，这也可以说是高校志愿服务教育的纵向延伸，通常这类活动的组织者往往是在高校当中积极参与志愿服务的学生，在理念构建和习惯形成以后进入社会，把高校校园的志愿服务教育延伸向中国整个志愿服务事业。

1993 年底，40 余万名大专院校学生利用寒假在全国主要铁路沿线和车站开展志愿者新春热心行动，中国青年志愿服务事业——这项朝气蓬勃的事业在神州大地上迅速开展起来。这是一项由共青团组织发起的，以青年人参与为主体的，通过志愿服务的方式为他人、为社会提供服务与帮助，推动社会良性运行和协调发展的事业。1994 年 12 月 5 日，中国青年志愿者协会在北京成立，这标志着中国青年志愿者行动进入有组织、有秩序阶段。

在这其中，依托高校学生的高校志愿者是青年志愿者的主体。自 1993 年底，团中央发起实施中国青年志愿者行动以来，经过规范

---

① http://baike.baidu.com/view/858781.htm。

② 二十世纪 90 年代，在青藏高原的可可西里自然保护区，盗猎藏羚羊非常严重。有志愿者自发来到可可西里，与当地反盗猎队员一起，保护藏羚羊。可可西里的环保志愿者一度引起社会广泛关注。

③ “多背一公斤”是一个由网上发起的著名志愿公益活动。其活动理念是旅行者出行时多背一公斤文具和书籍，把他们带给沿途贫困落后地区的学校或孩子。活动自 2004 年开展以来，参与活动直接、间接影响人群超过百万，150 余所山区学校获益，覆盖西南主要旅游景点，在 50 余个城市举行过主题活动。——资料来源：“多背一公斤”网站，www.1kg.cn。

注册的大学生志愿者已达 2 000 万人,全国累计已有 1.5 亿多人次的青年在扶贫开发、社区建设、大型赛会、环境保护、海外服务、应急救援等方面为社会提供了超过 55 亿小时的志愿服务。根据共青团中央的统计数据,中国大学生志愿者的增幅超过 GDP 的增幅①。志愿服务,从不被理解的“前沿话题”转变为“80 后”大学生的“生活时尚”。志愿者主体,从全国重点高校大学生延展到包括民办高校、大专院校等整个大学生群体。志愿服务项目,从临时活动逐渐形成有延续性接力机制的事业,从“人人能为”的普通服务逐渐转变为专业性、技术性越来越强的专业服务。志愿服务领域,从过去单一的社区“一助一”,已经形成了扶贫开发、社区建设、大型赛会、环境保护、海外服务、应急救援等六大领域。志愿服务区域,由原来的城市社区已经发展到整个城市建设,并逐步向农村蔓延。现在志愿者已经跨出国门,足迹遍布亚洲、非洲和拉丁美洲。西部计划、海外服务计划、扶贫接力计划、研究生支教团等一批优秀项目在全社会引起广泛反响。

针对不同的志愿服务教育,思想政治教育目标得以实现,志愿服务教育在思想政治教育日常化中起到了不可替代的作用。贯彻“以人为本”的理念,引导志愿者在服务中提升素质、感悟人生。志愿者服务,不仅是作贡献,也是为了通过这一难得机遇,使自己得到“被需要”的快乐,提升自身的综合素质和个人能力。为了保护志愿者的奉献精神、服务热情和对自身积极向上的期许,志愿者的使用部门要基于“以人为本”的基本理念,始终坚持善用、善管、善待的原则,做到正确使用志愿者,从根本上保证人的发展是第一位的。在志愿服务的过程中,活动的组织方往往是党、团组织,他们在通过志愿服务凝聚高校学生的同时,注重塑造组织形象和思想引领职能,大力加强志愿者思想引导工作,帮助他们正确看待困难、正确面对委屈,在充满机遇和挑战的服务过程中,逐步认识社会、认识国情,学会平衡、理性地看待问题,在体现自身价值的同时获得人生的启迪、成长的感悟。

① 中国青年志愿者官方博客,http://blog.sina.com.cn/cnvolunteers。

美国学者弗朗西斯说过:"你可以买到一个人的时间,雇他到指定的工作岗位上去从事技术操作,但你买不到热情,买不到创造性,买不到全身心的投入,你不得不设法争取这些。"这句话生动地道出了激励的重要性。激励实际上就是调动员工积极性、激发员工工作热情的过程,在现代企业管理中,管理者越来越重视对员工进行激励,他们已经摸索出一整套各类激励的有效方法,目前,大学生志愿者服务教育在自我激励上也累积了相对丰富的经验。在志愿者服务教育中最经常使用的是情感激励法,唐代诗人白居易说过:"动人心者,莫过于情。"人是有思想、有感情的社会性动物,感情因素对人的工作积极性有很大的影响。对于大学生志愿者组织也是同样,作为一个组织,不能单纯地认为志愿者就是来奉献的,组织的功能就是为他们提供志愿服务的机会,这样的想法会使得整个组织的发展陷于停滞不前的境地。大学生志愿者组织作为一个真正的组织,让组织成员也就是大学生志愿者找到组织内部的归属感,使得每一个大学生志愿者都能够在参加志愿服务的同时也能感觉到自己在被组织关怀着,从而获得最大的组织向心力。设置科学合理的目标,对于大学生志愿者组织来讲,提升自己,在服务中更好地学习专业技能是很多大学生志愿者动机之一,针对这一点的教育内容的设置将吸引更多大学生接受志愿服务教育①。

4. 科技创新教育

目前,大学生课外科技创新工作在全社会广泛关注下,相关部委的积极推动下,全国高校的探索实践下,已初步形成稳定的工作格局。

在全国层面,为了促进青年创新人才成长、深化高校素质教育、推动经济社会发展,共青团中央积极推动大学生课外科技创新工作,并联合中国科协、教育部、全国学联和地方政府,自 1989 年起,每隔

① 梅鲜.日常化思想政治教育的现实路径——以志愿者工作为例[J].党政论坛,2012 年 1 月号:50—51.

两年举办一届“挑战杯全国大学生课外学术科技作品竞赛”(下简称“挑战杯”)。迄今为止,“挑战杯”已成功举办了十二届,在社会上产生了广泛而良好的影响,已成为全国层面大学生课外科技创新工作的龙头品牌,被誉为当代大学生科技创新的“奥林匹克”盛会。十几年间,共有数百万大学生直接或间接参与了该项赛事,在他们当中产生了一大批具有创新意识和市场意识的青年学术科技带头人和青年创业者。因此,科技创新比赛的举办在推进大学生课外科技创新工作的过程中,具有很强的总体引导作用和宣传示范效应。

在高校层面,以复旦、清华为代表的院校结合自身实际,依托“挑战杯”品牌赛事,积极开展校园学生科技创新工作。下面将具体阐述高校科创工作的具体开展情况,并进一步梳理目前大学生课外科技创新工作的高校格局。

首先,高校的学生课外科技创新工作,一般由高校团委或教务处下设专门机构负责组织,主要依托专项基金支持学生开展课外科技创新项目来进行。

以复旦大学的学生课外科技创新工作为例,是由复旦团委下设的学生科技创新中心负责,依托“学生学术科技创新行动支持计划”(简称“科创行动”)来开展。该计划旨在鼓励和支持在校生开展课外学术科技创新活动,并给予经费和其他服务的保障,以第二课堂的形式,为复旦学生打造学术起步平台。1999 年至今,该计划共开展了 26 期的项目立项工作,共计超过 1 800 件学生课外学术科技创新研究项目获得逾 550 万元的资金支持,受到“科创行动”专项资金资助的同学超过 7 000 人次,涉及专业覆盖文、理、医各个领域。除了“科创行动”之外,复旦大学教务处在第一课堂主战场之外也开辟了第二课堂的领域,推出了有学生在课余申请的“著政学者”、“望道学者”、“曦园计划”等不同层次的学生科技创新支持计划,丰富了学生课外科技创新工作体系。

作为“挑战杯”创始高校的清华大学,在全校层面,也为鼓励学生课外科技创新,设立了多种专项基金,包括“种子基金”、“星火基金”、全国大学生创新性实验计划、清华大学大学生研究训练计划等，其中，诞生于1998年的“种子基金”，至今已成功征集了20余期，支持项目近千项，支持金额百余万元。清华大学还设立学生创新人才培养计划（简称“星火班”），培养学生科技创新骨干人才，自2007年起，每年选拔吸收50名二年级学生，通过整合学校的资源支持优势和院系的专业指导优势，对学生进行为期两年全面的学术科研指导。

上海交通大学则有“本科生研究计划（PRP）”、“国家大学生创新性实验计划（简称ITP）”、“上海市创新活动计划项目”、“上海交通大学学生科技创新基金”、“上海交大唐仲英科技创新基金”等专项基金作为工作支持。PRP项目的报名对象主要为一至三年级本科生，时间跨度一般为一个学期。在此基础上，ITP和“上海市创新活动计划项目”的设立，弥补了PRP持续时间短的弱点，两者的持续时间均为1—3年。而“上海交通大学学生科技创新基金”则主要面向各类相关大赛的入围作品进行专项资助。

华南理工大学设立“百步梯攀登计划”、“学生研究计划”，每年拨出300万元经费支持学生课外科技创新活动，自2007年起，开始实施教育部“国家大学生创新性实验计划”，三大计划与学生课外科技竞赛多管齐下，构建了完整的学生课外学术创新工作体系。据不完全统计，华南理工大学全校超过50%的本科生在校期间接受过参与课外科技项目的初步训练，自2002年以来，学校为此累计提供了高达2 700万元的科研经费，资助了7 200多个项目。

东南大学、北京航空航天大学、桂林理工大学都开展了各自的大学生科研训练计划（SRTP）。东南大学的SRTP，强调自由组队、自主提出科研项目、自己寻找指导教师的“三自”方式，实行多年来，已有超过7 000个项目获得立项资助，参与学生人数达2万余人次，产生了大批创新成果。而北京航空航天大学的SRTP主要面向1—3年级的本科生，鼓励学生进行跨学科、跨专业、跨学院组队，在鼓励自己制定研究课题的同时，也提供部分研究课题方向供学生参考、选择，项目须在一年半以内完成，两年内出成果，如论文、专利等，结合

“冯如杯”学生学术科技作品竞赛，北航每年参与课外科技创新活动逾万人次。桂林理工大学的SRTP，则充分考虑到本科生尤其是低年级学生科研能力普遍较弱的实际，探索出了“教师＋研究生＋本科生”的学术团队组建模式，以本科生为主体，发挥研究生的“传帮带”作用，和教师的重点指导相结合，形成良性互动的整体①。

其次，在开展学生课外科技创新工作过程中，基层院系的作用也不容忽视。相比于学校团委，基层院系拥有专业、师资、贴近学生等优势，有效整合利用基层院系资源也就成为深入开展学生课外科技创新工作的助推器。

复旦团委一直致力于整合基层院系资源，自2006年起，开始支持一些科创氛围好、资源丰富、学生参与度高的基层院系成立院系学生学术科技创新分中心，独立操作本院系科创项目的宣传、申报、评审、资助、监督和服务，从而发挥院系资源优势，突出专业特点，增强科创活动的覆盖程度。目前，复旦共有7个院系科创分中心，分中心的项目数占全校总项目数的一半以上。

中山大学也把学生科技创新的重点瞄准在创新性人才培养的实验班、国家理科基地(应用)科学研究和教学人才培养基地，充分发挥基层优势。北京航空航天大学则坚持“双发”模式，强调学生课外科技创新工作深入学院，通过建立科技创新实践基地、设立学院科技创新基金，与学校的SRTP基金形成有效互补，形成强大的推动力。

扬州大学加强院系合作，利用基层院系的专业科研实践平台，并鼓励院系根据专业实际，开展特色的课外科技活动，如机械工程学院，设立了大学生课外科技创新活动室、制作中心，学生可以自主进行金工制作和科技小制作，学院还为此组织一年一度的设计创新及科技作品竞赛。基层院系工作的扎实推进，能够有效扩大学生课外科技创新工作的受益面。

综上，我们可以发现在第二课堂科技创新的战场上，目前主要以

① 这些高校的数据均由各高校团委提供。

“挑战杯”等系列品牌科技创新赛事为总体引导，依托各高校专项基金资助学生的课外科技创新项目，同时整合利用基层院系和实践基地的资源，形成校院两级管理的模式。

5. 校园文化建设

文化是一个民族的传承，有很多学者试图对文化做一个概念上的界定，但是迄今为止，都没有一个确切的文字上的定义去描述文化是什么，尽管如此，传统意义理解的文化仍然以一种无法衡量却又深入骨髓的方式影响着每一个生活在社会上的人。“三个代表”重要思想告诉我们中国共产党要始终代表中国先进文化的前进方向。文化发展的新形势给我们提出了重塑文化自觉自信的要求。在这样的前提下，思想政治教育的第二课堂领域中校园文化就占据了相当重要的地位。

校园文化作为一种文化形态，它包含了非常广泛的内容，承载了很多思想政治教育的目的，并发展出各种价值实现的途径。校园文化通过丰富多彩的内容和各不相同的形式影响着学生的价值观、人生观和世界观。由于校园文化的多样性，更能够对学生的思想方式、行为模式、道德情操的形成和发展造成较深的影响。

校园文化承担的思想政治教育目的主要是推动和参与社会风尚，坚持以社会主义核心价值体系武装学生的头脑，积极倡导公正、包容、责任、诚信的价值取向，积极倡导社会风气和人际关系处理中的良好舆论环境。掌握文化传播的主动权与话语权。形成积极健康向上的生活态度和奋斗精神，正确认识国情，树立劳动创造财富、奋斗成就人生的价值观念。实现主流文化引领下兼容并蓄的不同学校特点的校园文化，满足学生不同层面的文化需求，实现思想政治教育的基本目标。建设良好的校园文化，不断丰富内容、优化结构、拓展载体，加强精品项目打造，提升校园文化活动的精神内涵和育人功能。开展志趣高雅、健康向上、青春活泼的文化活动，培养同学们的兴趣爱好、提高同学们的文化素质。

校园文化的形式一般体现为四个方面，一是传统的学生品牌活动项目；二是学生艺术舞台；三是校园媒体；四是校园环境。

传统的学生品牌活动在不断的发展中一般会依托原有的活动框架，把握时代脉搏和学生需求，以创新多元化活动为载体，践行全心全意为同学服务的工作理念。主要的活动包括：各种知识讲座和学术讲座，校园十大歌手、各类体育比赛，针对不同历史时期发生的不同事件举办的活动，比如支援旱灾地区的赈灾捐款、为地震灾区祈福活动等等，以促进交流为目的的国际学生论坛、国内不同地区学生论坛等等，以培养学生主人翁意识为目的的校园民主活动，针对学校的学术科研、教学设施、后勤生活等与学生息息相关的热点议题，组织学生发起提案，在解决学生一部分实际问题的同时，营造校园民主建设。

学生艺术舞台提供学生公开表演的机会和欣赏不同风格的艺术表演的机会，结合校园生活不同时段推动不同的舞台表演活动，例如在9、10月份的新生艺术表演活动，5、6月份的毕业生艺术表演活动，1月份的新年音乐会，7、8月份的各种交流表演活动，以及各种“高雅艺术进校园”①活动。

校园媒体是思想政治教育重要的途径，尤其是新媒体的阵地作用对于年轻化的受众来讲不容忽视。纸质媒体是校园传统学生媒体，作为习惯性阅读力量的传承者，纸质媒体的思想性是所有媒体当中最具优势的部分。在把握方向、掌握精神内涵方面纸质媒体有着非常突出的表现。

在有声媒体方面，广播台逐渐失去以往的主导性地位，被其他形式的媒体所取代，但是在特殊的时段，广播台的时效性和强迫覆盖的性质能够对受众起到更好的告知效果。因为广播台的播音是直接通过学校的户外喇叭实现的，硬件的劣势和优势并存，广播台的播音可以直接传递到每一个户外的受众，只要能够更好地改进广播内容，增

① “高雅艺术进校园”是上海市教委组织的面对全上海市高校的艺术推广活动，组织专业的艺术表演团体带着专业的节目进入高校演出。

加时效性，广播台在校园媒体里还是有一席之地。另外，广播也从传统的媒体不断转型，开始延伸到网络，关于这个问题，在新兴媒体中会有相关表述。

在电视媒体方面，校园电视台和广播台处在一个相同的位置，但是电视的公开播放途径更加压缩，缺乏强势媒体应有的渠道，所以校园电视媒体也已经更多地转向网络，在不同的人群中形成影响。

那么网络作为当下校园媒体的新的发展空间，就自然而然地成为思想政治教育新阵地，网络媒体形式和传统媒体形式差别巨大，对受众影响的方式也完全不同，而且，当网络成为生活的一部分，不同的网络媒体的受众忠诚度也远高于传统媒体。

网络媒体本身的分类非常丰富，在校园媒体的视野下，网络媒体可以分为以下几类：第一种是相对传统的门户网站，这类媒体主要由学校的党委宣传部门、共青团组织和主要的学生组织架设。这类网站一般发布大学生学习、生活服务信息，也能够针对主题教育发布新闻对大学生进行教育和引导，但是这一类网络媒体目前比较被动，学生往往只在需要获取信息的时候才进行浏览；第二种是社交媒体，在公共的网页平台上，设立自己的主页，这不仅仅是学生个人的行为，现在也成为高校党团组织和学生组织的重要的信息发布平台，相对于第一种网站来说，这样的媒体受众黏性比较高，在对这些主页主动关注了以后，学生会主动获取相关的信息；第三种是流媒体，这就是以往的广播台和学生电视台在网络上的转型，除了承担以上两种功能以外，流媒体还有自身的发展，各种各样的视频音频文件在流媒体上供人下载，信息量巨大到无法想象的程度，这对于思想政治教育空间的挤占是非常明显的问题；第四类是自媒体，即以个人为单位发布信息的媒体，严格说来，自媒体和社交媒体有一定的重合性，但是自媒体有其专业的定义，美国新闻学会的媒体中心，在 2003 年 7 月出版的由谢因波曼与克里斯威理斯两位联合提出的“We Media（自媒体）”研究报告中，对“We Media（自媒体）”下了十分严谨的定义：“We Media 是普通大众经由数字科技强化、与全球知识体系相连之后，一种开始理解普通大众如何提供与分享他们本身的事实、他们本身的新闻的传播途径。”在校园媒体当中，学生作为普通的个人已经完全接受并充分利用自媒体表达自己的所见所闻所感，如何应对这样的现实，这对于思想政治教育工作者来说是一个巨大的挑战。在自媒体时代，各种不同的声音来自校园的角角落落，“主流媒体”的声音逐渐变弱，学生不再接受被一个“统一的声音”告知对或错，每一个人都在从独立获得的资讯中，对事物做出判断。与此相对应，自媒体本身非常隐蔽，主动占领网络，不断拓展大学生思想政治教育的渠道和空间，严防各种有害信息在网上传播；加强网络思想政治教育队伍建设，形成网络思想政治教育工作体系，牢牢把握网络思想政治教育主动权；了解大学生思想状况，加强同大学生的沟通与交流，及时回答和解决大学生提出的问题是目前校园文化建设当中的新的难题。

校园环境是结合当代大学教育理念当中通识教育的书院住宿制度实施思想政治教育的。育人环境包含着学校的物质环境和人文环境。物质环境指的是学校的各种建筑和自然环境，不同的建筑风格对人的影响是不同的，我国高校的建筑风格是差别相当明显的，这对于塑造人的过程有其独特的影响，单从学校大门来看，北京大学的西门是典型的中国传统皇家建筑，体现了北京大学在中国高校的首领地位，走进这样的校门就象征着走进中国大学最高殿堂，给学生的心理暗示促使学生更加追求卓越。复旦大学的正门就是典型的解放之初的中国建筑风格，朴素简单，这向每一个学生无声地讲述学校是新中国成立以后经历了三次飞跃达到今天的地位，告诉学生一个道理，爱国荣校密不可分。中国科学技术大学的校门显得非常厚实，走进这个校门的学生对科学技术的崇敬之情油然而生。这几个简单的例子说明了建筑本身是有它一定的说服力的。而在校园环境里面更重要的是人文环境的影响。每一个大学都有其独特的校风、教风、学风，这影响着每一个在大学里生活的学生和老师，目前人们已经开始关注宿舍文化的营造，试图在某一个特定的区域营造出特定的文化感觉，让学生能够在生活中感受文化的影响，这就是住宿制学院设立的目的之所在。但是，这样的文化氛围的营造缺乏整体的设计和科学化的设定，没有进行深入的研究，把环境因素和行为变化的关联揭示出来，更加无法定量什么样的文化设计能够产出什么样的行为效果，使得氛围育人停留在一个概念当中。

6. 心理教育

心理健康教育目前也成为思想政治教育越来越重要的一个方面，真正在思想上说服人、改造人，很好地运用现代心理学的工具成为目前高校探讨的重要课题。结合学生的实际情况，从心理学分析的角度广泛深入开展谈心活动，有针对性地帮助他们处理好学习成才、择业交友、健康生活等方面所具体面临的问题。根据大学生的身心发展特点和教育规律，从心理学的角度入手注重培养大学生良好的心理品质和自尊、自爱、自律、自强的优良品格，增强大学生克服困难、经受考验、承受挫折的能力。

一般来说，在心理健康教育方面，各个高校除了开设类似通识教育的课程，比如《成功心理素质与训练》、《幸福心理学》、《两性心理学》、《大学生心理健康导论》、《大学生生涯规划教育》，等等，更多地则是依靠第二课堂来展开。目前的高校里面大多会建立健全的心理健康教育和咨询的专门机构，配备足够数量的专兼职心理健康教育教师，同时，他们还会制定大学生心理健康教育计划，确定相应的教育内容、教育方法。积极开展大学生心理健康教育和心理咨询辅导，引导大学生健康成长。

心理健康教育第二课堂里面内容丰富、形式多样。心理健康教育和咨询服务工作包括测验评估、咨询辅导、小组团体、课程教育、讲座教育、宣传普及、沙龙论坛、网络邮箱、朋辈互助等。

最为普遍的心理健康教育的工作途径是一对一面谈心理咨询服务。由专兼职的心理健康教育教师和学生展开一对一的交流。咨询问题涉及学业、就业、恋爱、人际交往、生涯规划以及焦虑、抑郁、强迫等不良心理状态等问题，近年来，有严重心理问题的学生逐渐增多，一对一的心理健康咨询在很大程度上能够有效帮助或成功干预其不良倾向。

除了一对一的较为直接的干预以外，小组辅导也是高校普遍采用的心理健康教育形式，一般包括压力应对、朋辈支持、考前心理调适、亲密关系调适等专题，这种辅导一般参与的人数较多，由于有集体的影响，学生反馈效果比较明显、满意度较高。比小组辅导规模更大一些的心理健康教育是专题团体心理训练，内容包括促进学生适应校园、缓解压力、高效交往。专门针对新生的适应团体心理训练工作方案则包含培训和指导新生辅导员开展新生适应团体心理训练，大多数新生班级都开展了相关专题的班级团体活动，同时，学校还会制作针对新生的《新生心理健康宣传手册》等心理健康宣传单面向同学们发放。

在封闭式的各种心理咨询和团体训练以外，针对不同人群的心理健康专题讲座是普及心理健康知识常用的手段之一。相关的心理健康主题活动在各高校开展的程度则不尽相同。比如心理健康主题文化月系列活动主要目的是宣传和普及心理保健知识和意识宣传。心理健康文化周系列活动包含知识讲座、减压团体、支持小组、影视鉴赏、户外推广等系列活动。传统的心理健康教育手段在普遍推开的同时，也延伸到网络高校 BBS 开设心理热线版面，增设心理健康邮箱专门以咨询邮件的形式回复学生的心理问题咨询，心理健康教育部门专门设置心理健康教育网页等。

心理健康教育的各种活动只是其外在的表现形式，真正重要的核心工作则是测评、筛查、干预，危机防控立体化，力争防患于未然。针对这个设计，普遍的做法是开放心理健康网上自测系统，为学生提供心理健康状况网上自评服务，同时，在线下数据分析的基础上寻找其中可能心理健康风险较大的学生予以跟进帮扶。针对新生的心理健康普查能够帮助新生了解自己对新的学习生活环境的适应状况，并及时发现其中可能存在较高心理健康风险的同学，便于深入地关心和帮助。针对延期毕业本科生心理状态调研，能够排摸这类非一般性学生的心理问题，提出对策建议。根据学生在校学习生活的不同时段的任务挑战，以及气候、时节等对学生心理健康影响的特点和规律，心理健康教育部门还需要向院系发布学生心理动态及问题的排查通知，并对排查发现的心理上有明显困难的同学，通过积极协同多方面资源予以帮扶。专职心理健康老师则密切联系各院系单位，大力依靠辅导员队伍开展危重问题学生的干预、帮扶工作。此外，建立学生朋辈成长联盟，发挥学生的积极作用，则是建立危机防控的有益尝试。

心理健康教育除了教育本身的不断推进，相对于其他思想政治教育第二课堂来说，心理健康教育的师资力量扶植较早地得到了学校的重视。由于心理健康咨询其本身的专业性，在稳定和推动专职人员队伍切实开展工作，并有计划地推进在岗学习、研讨、培训等工作方面，目前高校里面也都形成了相关的扶植政策，使得心理健康教育专业人员的业务能力得到提升，咨询服务、团体培训、课程教授等工作开展有序有效。除了专业的心理健康咨询老师以外，这项工作也明确提出学工教师队伍是心理健康教育工作必须依靠的力量，在政策保证之下，针对学工教师队伍举办的多专题系列培训，提升了兼职心理健康教育工作者的心理辅导技能、危机识别与干预技能、团体带领技能。社会上的心理咨询师考试也成为这项工作的一大推动力，有相当数量的兼职老师均参加了各个省市学校心理咨询师认证培训，这使得学校里面具备心理健康教育基础知识和技能的人员比例有了明显提高。学生之间的朋辈教育在近年来得到更多的重视，加强学生心理健康教育队伍的培训、管理和指导，能够进一步发挥其积极作用。加强朋辈成长联盟的培训、指导和管理，能够积极为危机事件发挥预警和预报作用。

总体来说，心理健康教育工作将会面临越来越多的期待和较大的压力。学生在不断完善自己的同时面临更多的挑战，社会的不断发展给学校带来的冲击，这些方面都促使学生心理问题有集中凸显的势头，心理健康教育也面临着不断调整的新局面。与校内外、国内外心理学系、心理咨询中心以及科研院所、学术团体建立多方联系，加强沟通与合作，引进多方资源，学习先进经验，提高工作实效；加强学生心理危机预防与干预工作，健全心理健康教育工作网络体系；进行大学生心理健康教育相关规律的探索和研究，更好地服务于学生健康成长是目前心理健康教育的工作方向。

四、思想政治教育第二课堂教师配备

1. 总体要求

思想政治教育第二课堂的老师主要组成根据《中共中央国务院关于进一步加强和改进大学生思想政治教育的意见》(中发[2004]16号文)规定，主体是“学校党政干部和共青团干部，思想政治理论课和哲学社会科学课教师，辅导员和班主任”。《意见》同时规定，“学校党政干部和共青团干部负责学生思想政治教育的组织、协调、实施”；辅导员、班主任应当“按照党委的部署有针对性地开展思想政治教育活动”。“广大教职员工作都负有对大学生进行思想政治教育的重要责任”。在这样的规定下，表面上从事思想政治教育第二课堂工作的老师就只有学校党政干部、共青团干部和辅导员、班主任三类人。这三类人各自扮演的角色也是各有侧重，不完全相同的。

2. 具体配备情况

针对不同的思想政治教育第二课堂形式，学校配备的老师是不一样的。

对于主题活动来说，一般是由共青团干部、学校负责学生工作的管理干部进行策划并执行的，如果主题教育的活动能够分解到基层的学生组织里面进行，那么具体的执行也会有辅导员和班主任参与。

对于社会实践活动和志愿服务来说，根据团中央的要求，一般由共青团干部进行学校层面的总体规划，由辅导员和班主任参与管理和指导。

科技创新教育主要是由学校管理部门搭建平台，由各个学科的专业老师参与每个项目的立项、指导和最终的评审工作。

校园文化建设指导老师相对比较少，主要由学生自主完成自我教育和自我管理，学校的管理干部和共青团老师着重在规则制定环节参与。

心理咨询中的老师：随着高校心理咨询工作部门的建立，各个高校都有一支专门从事心理咨询工作的专业人才，这些人员都是高校本身从事思想政治教育的老师。近年来，以上海为代表的省份还逐步推开了“学校心理咨询师”的认证工作，各高校的辅导员在参加过一定课时的系统培训以后能够参加“上海市学校心理咨询专业水平认证”考试，考试合格者将获得“上海市学校心理咨询师”证书。这样的政策出台，使得辅导员在心理咨询工作当中逐步转变为专家，他们就能够在从事大学生心理咨询的工作中更好地落实思想政治教育要求，发挥出思想政治教育第二课堂的独特优势，针对不同的学生提供不同的教育。

五、社会联系网络现状

目前思想政治教育第二课堂除了在学校范围内的活动以外，还扩展到社会的其他层面，主要包括：政府机构、社区和企业三种。

1. 政府机构联系

思想政治教育第二课堂和政府机构的联系在农村和城市表现为不同的形式，由于城市的现代化进程不断推进，城市管理体系相对越来越复杂，表现在政府机构的设置就是机构专业化，部门分工细化，条线部门的管理职能各司其职，思想政治教育第二课堂和城市的政府部门建立联系主要表现为参与不同的政府部门业务相关的活动。

一般来说，目前和学生思想政治教育第二课堂联系比较紧密的有这样一些表现形式，除去教育主管部门本身以外，主要有主管城市精神文明建设的部门，大多是各省市的党委宣传部和精神文明办公室；主管科普工作的部门，一般是省市的科技委员会，同时还包含其下属的科技工作协会；主管青年工作的部门，一般是共青团，虽然共青团本身是一个群众组织，但是这并不改变其政府部门属性；主管各类文化体育工作的部门，这里面的种类比较复杂，尤其包含了各种专业协会，例如作家协会、青年文学理事会、青年企业家协会、各类体育协会等等。

思想政治教育第二课堂和这些部门的联系的紧密程度不完全相同，其本质原因是所有的政府机构纵向延伸的如果都在学校内部的机构设置有对应的部门，形成纵向管理体系，他们就能够很好地和学校的学生建立联系，也能够成为思想政治教育第二课堂的延伸。从这个角度分析，我们就能够比较清晰地看到，党委宣传部包括精神文明办公室和共青团在学校思想政治教育第二课堂当中就有比较多的话语权。

党委宣传部包括精神文明办公室主要提供的思想政治第二课堂有两种，一种是和整个城市精神文明志愿者工作相联系的青年志愿者的工作，以上海为例，最著名的案例是上海科技馆志愿者活动，这个志愿服务平台是由上海市文明办牵头，由全市所有的高校，按照不同的批次组织周末的学生作为志愿者到上海科技馆提供服务。另一种是高雅艺术进校园的工作，利用宣传的优势，把高雅艺术演出送进学校，为校园文化建设、校园艺术舞台品质的提升提供元素。

共青团和学校的联系途径就更加地畅通，包括社会实践、青年志愿服务、科技创新这几大类思想政治教育第二课堂的主战场都是共青团从中央到地方再到学校着力推进的工作，团中央和地方团委都在不同程度上为这些活动提供资源支撑。

其他的政府机构和学校思想政治教育第二课堂的联系比较随机，目前的情况是如果有多余的资源或者本身已经有和学校联系的通道，他们才会和学校合作，以福建科协牵头的海峡两岸学生辩论赛为例，最初的起因是福建省本身肩负着和台湾增加沟通和联系的责任，那么建立青年人之间的联系就是最好的可持续性发展的联系方式，如何推动这样的工作，福建省科协就通过本身就经常联络的厦门大学组织的辩论队开创了第一次辩论比赛。接下来，他们通过自身的工作体系和其他一些省份的科协联系，询问参与意向，一般有参与意向的科协都是和当地高校保持良好关系的科协，通过原有的通道，邀请到更多的学校，到目前为止，这个活动已经拓展到全国很多的省份，接近50所大陆高校参加，台湾地区的联络邀请方式和大陆不同，在这里不做具体分析。

这样的案例说明，和政府机构的联系对于双方来说是一种双赢的结果，政府能够更好地完成其本身的工作，而这些思想政治第二课堂的拓展对学生来说是有吸引力的，也是符合教育目标的。

在农村的联系表现为和当地的政府机构合作，一般是乡政府或者村委会。合作形式比较单一，主要是学生去当地社会实践，第一次去的时候，乡政府或者村委会提供一些必需的帮助，并为学生的安全提供保障。如果社会实践的内容符合当地经济建设或者文化建设需要，社会实践的成果能够很好地服务当地建设，学校就会和当地建立社会实践基地，最终形成一种相对长效的思想政治第二课堂教育基地。

2. 社区联系

思想政治教育第二课堂和社区的联系随着社区发展的不断成熟，呈现出越来越紧密的趋势，但是目前和社区的联系是非常松散，分布也呈现出不均匀的状况。社区的概念是从西方社会治理的概念里面引入中国的，自1986年民政部提出建立社区服务体系，完善社会主义社会保障制度开始，社区开始逐渐完善，在北京、上海、天津等试点城市形成了以街道和居委会为依托，兴办各类服务设施为主要形式，面向社区全体成员提供多层次服务的社区服务网络。

这些服务的提供，主要是政府买单，提供给居住在社区之内的居民，参照美国的做法，社区最初的服务都是非常多的志愿组织或者志愿者个人提供，尤其学校和社区经过一段时间的磨合，居住在社区的学生参与社区的服务是学生必须完成的学校任务。目前，我国的一些社区也开始借鉴美国的做法，引入学生参与社区服务，形成了一些相对固定的项目，涵盖了教育服务、卫生服务、体育服务、网络信息服务等等。在这些服务当中，大学生以集体或者个人的形式参与其中。

3. 企业以及社会公益组织联系

在此处提到的学校和企业的联系,不是指学生到企业实习为工作累积实际经验的那种联系,也不是指企业本身为了提升自身影响力或者提升自身形象直接发起的公益活动有学生参与的这种联系,而是指企业的社会责任的相关部门和学校直接建立联系,和学校一起设计相关活动,学生在学校的支持下参与。

能够肩负社会责任的企业必然是具有相当规模,自身生存压力不紧迫的大型企业。有很多企业采取直接赞助学校学生活动的形式,这种形式的联系比较简单,活动和学校本身的思想政治教育第二课堂活动没有区别,甚至企业元素都不会直接出现,但是,还有另一类资助形式,企业不但出钱还出人出力,一起参与学生的培养过程,同时完成企业本身的利益诉求,比如建立更好的企业形象,教育员工等等。

在这些联系当中值得一提的有两个案例。一个是安利(中国)日用品有限公司的志愿者资助计划。安利(中国)日用品有限公司在社会责任方面做出了非常多的努力,目前已经形成了一系列公益活动品牌,但是最初他们和学校建立企业联系是通过复旦大学的研究生支教团工作开始的。中国青年志愿者研究生支教团由共青团中央、教育部共同组织实施,从 1998 年开始组建,1999 年开始派遣,采取自愿报名、公开招募、定期轮换的“志愿加接力”方式,每年在全国部分重点高校中招募一定数量具备保送研究生资格、有奉献精神、身心健康的应届本科毕业生或在读研究生,到国家中西部贫困地区中小学开展为期一年的支教志愿服务,同时开展力所能及的扶贫服务。2002 年,复旦大学第四届研究生支教团出发之前,安利公司和复旦大学团委取得联系,希望能够以赞助的方式,保证支教团的学生们整体的后勤装备,在一年的服务当中,安利公司在合适的时机派遣合适的员工到支教当地和研究生支教团一起开展一些服务当地的活动。经过不断的发展,安利公司的资助计划和参与服务已经从复旦大学一个学校延伸到直接和共青团中央建立联系,为每一个参与研究生支教团的高校提供人力物力和财力上的帮助,同时,这些学校也为安利公司的员工提供共同成长的机会。

另一个案例是宝洁公司，最初他们通过自身组织的“宝洁精英挑战赛”吸引那些希望去他们公司就业的学生参加，和学校没有直接的联系。但是，在挑战赛结束之后，获奖的学生在各自学校成立相应的社团“宝洁精英俱乐部”，俱乐部被纳入学校的社团管理体系，通过这样的途径，企业和高校的相关部门取得联系，而社团是思想政治教育第二课堂的重要组成部分，这样的企业联系就相对比较顺利地建立起来。

第四章　思想政治教育第二课堂现有问题及原因分析

一、思想政治教育第二课堂组织架构问题分析

1. 传统组织活力不足

学生党组织和学生团组织是传统的学生组织，虽然他们仍然发挥着良好的思想政治教育功能，但是也存在着明显的不足。学生党组织其最大的优势亦是其劣势之所在，由于党员发展的年龄限制，以及党员发展原则是成熟一个发展一个，这样的现实造成学生党员人数在大学生人数里占比较低，尤其是低年级的大学生当中，学生党员就更少，对于党组织发挥战斗堡垒作用和带头模范作用提出了比较高的挑战，加之刚刚加入中国共产党的大学生缺乏党的工作经验，往往不能充分发挥好学生党组织的作用。

但是学生团组织在实施思想政治教育第二课堂教育的过程中也存在非常明显的弱点，即基层活力不足，传统的组织架构在调动全部团员积极性的过程中显得力不从心，一般团员的团员意识淡漠，对团支部归属感不强，其他的团队属性在很多学生身上表现得更为明显。需要设计更加活泼的活动形式、更加优化的联络方式，用青年学生喜爱的方式对他们开展思想政治教育。

2. 社团组织需要规范

通过初步的分析，我们认为社团组织教育呈现出以下的变化：

社团的核心层呈现低年级化、短期化发展的趋势。据统计，在学

年的下学期，大二的社团社长一般占到社长总数的 70%，但这之中，拥有超过一学期社长经历的同学比例不超过 25%。根据以往经验，从学年下学期中段开始，大一的社团社长也会渐渐出现。这种社长低年级化的现象，与现代大学逐渐社会化的趋势不无关系。面对激烈竞争、快速发展的社会环境，大学生都普遍呈现一种急躁、冒进的情绪，社团社长也是如此，越来越多的社长抱着一种功利的思想参与社团事务，同时学业、就业的压力也迫使社长较早地放弃社团工作。与此相关，社长的频繁更替导致社团核心层任期也相应短期化，不能够保持一个长期、有效的团队。这就需要指导教师在社团的发展过程中对社团的队伍建设有相应的指导。

社团的经费来源逐渐由学校单独拨款结合会费转变为多渠道筹集资金的方式。这使得学校的思政教育对社团的影响力明显下降。社团的资金一直对于社团发展有着举足轻重的影响。2005 年以前，校内各学生社团的活动经费来源主要包括学校专款支持与社团会员会费。近年来，伴随着校园外部的企业、组织逐渐地进入校园开展各种活动，学生社团也开始通过各种合作方式从多个渠道筹集资金。实践证明，充分挖掘和利用社会资源是社团发展的必由之路，也是社团生命力不断增强的有力手段，部分社团已经逐步摆脱了对学校拨款和会员会费的依赖，甚至能够做到不收取会员会费的程度。但是这对于高校思想政治教育工作以社团为抓手提出了严峻的挑战。

社团的活动内容与范围呈现向校园和社会并重的趋势。社团的活动内容与范围，从过去的主要以校园内容为主，开始逐渐出现社会性的活动。近年来，很多学生社团开始走出校园，在社会上开展各种活动，一些公益类社团开展民工子弟学校支教、暑期实践等活动，深受同学们喜欢。同时，也有社团利用校园内的学生市场，和企业合作在校内开展了很多活动。现代大学生普遍希望能够通过社团活动接触社会、了解社会、积累相关的社会经验以适应社会的要求，这种需求促使了社团开展社会性内容的活动。同时，社团与学校外企业合作的增加也是这种趋势出现原因之一。在这样的趋势中，没有思想政治教育相关设计对这些活动进行大方向的把握，仅仅依靠学生自己的力量是不够的。

二、思想政治教育第二课堂现行制度和相关政策缺陷

1. 缺乏学校层面整体设计

在学校层面上，现实状况还是和预期的目标有相当的差距，虽然在整体安排上各个部门都有其工作职责和工作范围，但是并没有形成一个整体性的要求，在对大学生思想政治状况和思想政治教育工作状况调研的过程中，部门界限还是比较明显，很难形成一个相对全面的鸟瞰式的概览图，每个部门在工作的过程中，难以跳脱部门的界限，从整个学校思想政治教育第二课堂的总体设计要求规划，或者说，学校虽然是党委牵头，但是并没有把思想政治教育第二课堂作为一个和思想政治理论课并驾齐驱的整体教育方案实施，相当随机地由下至上生长出新的工作，缺乏统一的教育设计工作环节。

2. 各校物质投入不均衡

在物质投入方面，不论是活动场地还是经费投入目前各个高校的差距还是非常明显的。一般来说，思想政治教育第二课堂活动除了传统的教室和寝室以外，随着活动形式的多样化，活动场地的需求也呈现多样化特点，比如寝室周围的小型活动室，容纳不同人数的各种学生活动场地以及针对座位形式、影音要求不同的各种活动场地以及合适的室外场地等等。这些场地的保证并不是每一个学校都能够提供的，这就成为思想政治教育第二课堂活动的一个制约因素。另外，各个高校对思想政治教育第二课堂活动经费的投入差别就更加巨大，通常，经费的投入来源有几个方面，承担思想政治教育工作的部门本身的办公经费和活动经费，学校专门针对思想政治教育第二课堂活动投入的专项经费，还有来自政府专项资助和社会各种组织的赞助。前两项投入和学校整体经费情况密切相关，也和学校重视程度密切相关，就全国范围来看，只看共青团活动，经费最多的学校每年投入超过一千万元，而最少的学校不足五十万，这样的差距在

政府专项资助和社会各种组织的赞助引入以后变得更加巨大，能够投入经费多的高校一般是学术水平高、社会声誉好的学校，其争取政府专项资助的能力更强，吸引社会各类组织的赞助可能性更大，形成了良性循环，但是相对于投入相对不足的学校来说，他们本身已经面临了学校经费整体投入不足的困境，很难开展丰富多彩的思想政治教育第二课堂活动，更加难以依靠项目本身吸引政府对项目的专项投入和社会资助，这样也形成了恶性循环，这样的问题就成为学校政策不能落实的关键点。

3. 大学生思想政治教育专职队伍的激励和保障机制难以落实

思想政治教育的总体目标是培养社会主义的建设者和接班人，对于从事思想政治教育第二课堂的老师们来说，他们不但是这项工作的实施者，同样也是被培养的对象。也同样需要激励和保障。目前，很多高校专门针对思想政治教育专职老师出台了相关晋升职称、进一步深造的落实性文件，使得思想政治专职老师的个人发展有一个明确的前景。但是，针对兼职老师的相关保障政策的缺失，成为思想政治第二课堂缺乏进一步发展的瓶颈。其中，最关键的一点是指导思想政治教育第二课堂活动的专业教师工作量如何换算成教学工作量，在很多学校没有明确，这使得积极参与思想政治教育第二课堂活动教学的专业教师变成了纯奉献，没有政策的保障和激励，工作的持续开展和提高就缺乏动力。

事实上有很多的思想政治教育第二课堂活动本身是没有如此完善的政策支持的，所以在这样的大背景下，如何能够从活动的层面逐渐推动思想政治教育第二课堂学校政策的逐步完善，是当下的困境。

三、思想政治教育第二课堂教师力量缺乏

根据上文分析的当前思想政治教育第二课堂内容的情况，我们将这专门从事思想政治教育第二课堂的老师再次分类，不仅仅根据他们的自身身份属性分类，而是根据他们在思想政治教育第二课堂当中不同的职能划分，就能够分析出教师力量不足的真正原因。

1. 难以胜任总体设计角色

主题教育、校园文化和仪式教育当中的教师：由于主题教育是由学校学生工作部门和学校共青团共同承担的教育活动，在学校层面实现总体设计，然后借由学生党组织、学生团组织或者普通班级向下展开，最终到达终端受众。所以，在这样的第二课堂内容里面，学校的党政干部和共青团干部就承担着组织和协调的工作，在推进整个活动的时候，辅导员和班主任承担着实施的工作，这对于两种角色的要求是不太一样的。我们可以把组织和协调抽象为课程设计的工作，那么学校的党政干部和共青团干部就成为课程设计专家，在课程设计的时候，制定课程标准、选择课程内容、实施方案，最终设计评价指标都是非常专业的工作。需要课程设计专家全面掌握学生的需求和特点，教育目的本身以及相关的影响因素，这对于学校的党政干部和共青团干部来讲目前仍然是一个不小的挑战，虽然经过一段时间的实践，形成了固有的工作职责，但是把自己放在课程专家的角度，去审视整个课程设计的工作仍然没有展开，这就造成了活动设计的随意性和不可控性，导致很多活动学生不想参加，即使参加也没有达到预期的教育目标。在主题教育当中，辅导员和班主任是活动的实施者，他们在现有的条件下，相比于一般的党政干部和共青团干部离设定教育目标的环节更加遥远，这就需要他们自身必须先理解教育目标本身，和预先设定的教育目标保持一致以后，再开始实施，现在更多的情况是有相当一部分的辅导员没有担负起这样的重大责任，仅仅根据几个规定动作，简单完成，使得原本就不是非常丰满的活动变得更加缺乏生命力。

2. 大量缺乏项目实施角色

社会实践、科技创新、志愿服务和社团活动中的教师：这四项活动当中的老师和上面的老师有所不同，因为这几项活动比较明确地是由高校共青团主要负责的工作领域，所以这几项工作的整体运行设计工作从中央到地方再到各个高校有一整套的设计方案和配套的实施计划，共青团干部针对这些活动开展学生群体常规性的调研，不断修正学校层面的各项配套政策,遇到的困难并不是非常明显。但是,这四项活动同时面临一个非常严峻的问题,正是思想政治教育第二课堂教师的因素。由于高校专职从事共青团工作的老师数量非常少,社会实践、科技创新、志愿服务和社团活动这四个领域的运作方式全部可以归类为项目制,一般情况一个项目在 10 人以内,这推演到课堂教学就相当于小班教学的课程,对于小班教学的课程,学校要投入巨大的师资力量才能够负担,同样,社会实践、科技创新、志愿服务和社团活动这四类活动也需要数量巨大的老师参与实施。这就不是共青团干部力所能及的范畴了,甚至全体辅导员也无法全面掌控所有的项目指导工作,在这样的情况下,很多高校是依靠专业教师的积极参与来解决这个困境的,在这个问题上,社会实践、科技创新、志愿服务和社团活动四个项目又呈现出不同的特点。

社会实践对指导老师的要求不是非常严格,因为社会实践的持续时间短,项目人员少,同时,社会实践的项目一般来说都是结合大学生自己的专业了解祖国、服务祖国的项目,即使是辅导员没有能力达到项目的专业性要求,只要向专业老师求助,都能够给项目配备合适的指导老师。

志愿服务与社会实践相类似,可以说,志愿服务其实是社会实践的一种类型,由于其发展势头强劲,才脱离社会实践成为一种独立的思想政治教育第二课堂形式,但是其本质就是一种实践的形式。所以,对志愿服务项目的指导老师来说,只要关心学生,督促学生完成志愿服务需求者的要求就可以了。

相对比较困难一点的是科技创新指导老师的配备,这虽然说是思想政治教育第二课堂的一部分,但是,它选择的是借助学术研究领域培养学生的创新意识和创新能力,需要专业的老师深入地对学生进行指导,专业科研的特点注定了这种指导工作量大,持续时间长,产出不明显,而无论是共青团干部还是辅导员班主任都无法完成这样的指导,目前专业的老师投入巨大的时间和精力来做这件事情,完全是凭着对学生的热爱和奉献精神,这成为这项工作的难点,没有政策保证，就很难把这样的工作推向新的阶段。科技创新除了学术的部分以外还有创业的教育，创业工作的教师状况更是让人忧虑，目前在高校从事创业教育的老师缺口非常明显，共青团干部不论在理论上还是实践上都不足以完成这项工作，如何发掘合适的指导老师成为这项工作的重点。

社团指导老师的情况和前面三种又有所差别。社团是一种学生组织，和学生党组织、学生团组织甚至学生会最大的不同就在于它完全是学生自发形成的，但是它形成之后作为思想政治教育第二课堂需要老师的指导，这个指导老师不仅仅要是社团业务的专家，还要了解学生组织的发展规律，更需要具备思想政治教育的能力。目前，社团的指导老师配备是不完全的，很多是挂名老师，不能够充分发掘社团这个思想政治教育第二课堂的重要作用。

四、社会联系网络问题

1. 缺乏长效机制

这里有一个没有突破的问题就是大学生参与社区服务没有完全纳入学校思想政治教育第二课堂体系。从社区的选择开始，社区的地域属性是非常明显的，但是由于我国高校的建立有其自身的特点，知名的大学都直接隶属于教育部，而次一等的也隶属于所在省级政府，其服务当地，尤其是服务所在社区的意识比较淡漠，学校在定义学生参与社区服务的时候，没有把社区服务认定为学生思想政治教育第二课堂的重要平台和常规化基地，而是有一种层次不对等的偏见，这样的偏见使得大学生社区服务没有深入的建设，没有学校形成建制地开展常规的社区服务，对于学生自发地参与社区服务也存在认定问题，仅仅停留在社会实践一个小小的部分层次。由此可以看出，社区服务作为思想政治教育第二课堂的拓展空间还非常巨大。

现在有越来越多的企业以这两种方式加入和学校的合作中来，但是这样的联系也有其随机性，普通高校难以获得这样的资源，重点院校在合作当中也存在着没有确立联系流程，规范合作形式和管理办法等一系列的问题，怎样规避其盈利的特点，更好地把这些优质企业的资源作为思想政治教育第二课堂的资源加以利用还存在很多的问题。

2. 思想政治教育功能认证环节匮乏

把社会公益组织作为思想政治教育第二课堂的战场对于学校来说其实是一个非常巨大的挑战。公益成为现代人生活中越来越常见的生活形态并不是中国传统的社会发展得出的结果，虽然我们时常说尊老爱幼是中华民族的传统美德，但是公益事业更多的是在国门开放，社会现代化进程当中，由国外传入中国的一种变化。这就不得不正视一个问题，中国社会还没有生长出自发的公益组织，或者说中国社会形态本身还没有一个开放的自发的社会组织生长的土壤，更不用说公益组织。那么目前社会上的公益组织除了政府自身的比如公益基金会、红十字会等庞大的机构以外，更多的具有影响力的组织都是国际公益组织在中国的分会，比如自然基金会，国际绿色和平组织等等。这些公益组织在组织活动的时候虽然声称其不受任何政府和个人影响，其经费来源大多是热心公益的企业和个人，但是我们知道，以西方思维建立的组织，其意识形态本身和我们是不同的，同时，面对西方从来没有停止过的对中国的和平演变，西方敌对势力一定会借助一切可以借助的途径影响中国的年轻人，国际公益组织就是这样一种非常良好的渠道。一旦这样的组织被敌对势力利用，学生在参加这些组织举办的活动时，就会不知不觉地被影响，学校在选择和社会公益组织合作开发思想政治教育第二课堂平台的时候就必须非常慎重地甄别这些组织的性质，在合作的过程中也要不断提高意识形态安全的意识，否则容易走向思想政治教育的背面。

第五章 国外高校相关教育进展情况解析

一、美国大学中第二课堂现状分析

1. 教育理念

在美国教育中，政治过程左右着教育的目标，这个过程并非是显而易见的。首先，本节需要针对围绕教育目标所进行的争论，以及这些争论对教师教学与学生学习所产生的影响展开论述。

美国的政治体制决定了各个政党为了获得选举的胜利，会在适当的时候提出其教育的目标，共和党、民主党以及绿党各自的教育目标都不尽相同。

2004 年共和党纲领中有关教育的部分把促进社会组织化和厉行节约作为公立学校的主要目标，在纲领中有这样的描述“公共教育作为所有儿童获得优质教育的路径，是建立自由公民社会的基础。”“我们相信，充满活力的经济与高质量的教育体系之间有着不可分割的联系”。“培养出拥有 21 世纪经济竞争所需技能的劳动力。我们必须拥有能够构想下一代新技术和创新，掌握分析问题的艺术并能够找到解决办法的公民。教育是事业发达与生活圆满的关键所在，而后者恰恰是成功的根基。”

从这样的论述中可以看出，共和党表面上是把教育目标设定在“自由公民社会”和“拥有 21 世纪经济竞争所需技能”这两点上。

同时，民主党在 2004 年的党纲中也强调了要帮助学生做好在 21 世纪经济条件下工作准备的重要性，但是，教育的目的显然不完全是为了工作做好准备。

2004 年绿党强调了环境决定论和重视提升艺术素养，他们宣称“使所有美国人获得平等教育的途径是不同的，这种差异性会带来一个强大而多元的社区。”拉尔夫·纳德在竞选总统当中，呼吁公立学校展开一种新的公民教育，以推动政治行动主义。“政府应当鼓励学校在他们的课程中强调公民身份，让师生都学会如何将课堂上传授的公民技能与外部世界相联系，学会如何实践民主。”纳德在选战当中强调：“最高的教育目标是，教育能够充满自信地、不断地自我更新，促进学生成长。在这一目标得以实现之前，教育应当重视体现民主承诺的公民学的讲授，而不是让学生学些空洞抽象的知识。”

为什么说以上提到的都是表面上的教育目标，把学生培养成全球化的劳动力似乎无可非议，然而，关于如何培养劳动力市场的学生却有诸多的要害问题存在。比如说，如果学生在一生的职业生涯中多次变化职业，学校应当如何教会他不同的工作技能，还是说学校应该把学生培养成终生学习者。那么显然在以上所提到的教育目标当中，三个政党都有所涉及的只剩下一个目标——“建设自由的公民社会”。

2001 年美国曾经出台过一个法案《不让一个孩子掉队法案》，其中有一章叫“品格教育中的协作”。要求将品格教育整合到课程教学当中去。以这一法案为依据，2002 年 6 月 19 日，时任美国总统布什向“白宫品格与社区委员会”(White House Conference on Character and Community)阐述他的公共教育目标。

“教育要为我们的孩子的就业做准备，同时也要为他们的一生做准备。我与你们一样，迫切希望我们的孩子不仅长于知识技能，同时也拥有丰富的思想。”法案列举了如下的构成要素：关爱，公民的美德和品德，公平和公正，尊重，责任，可信赖，奉献。

那么除了总体的目标以外，教育本身还有其政治目标。美国的学校最初是以培养政府合格的领导者为己任的。在美国独立革命以后，乔治·华盛顿曾经提出建立公立的大学以培养政治领袖和创造一种国家文化，并且这所大学要接受来自全美各个地方的学生。在此基础上，托马斯·杰斐逊提出利用教育来促进精英教育①，由于他本身非常注重发掘优秀的政治家，所以学校中成绩优秀的学生就意味着他以后成为优秀的政治家的可能性更大。学校成了培养和挑选公民的重要机构。杰斐逊在1779年的《大幅普及知识法案》当中提出了为所有非奴隶制儿童实行三年免费教育。这些儿童当中最优秀的学生将被挑选出来学习文法，费用由公共经费承担，最优秀的文法学生将被挑出来继续深造，“通过这种方式，每年就能够从一大群凡人当中筛选出20位最优秀的人才，利用公共经费让他们接受教育。”②这个计划所反映的思想已经成为美国社会思想当中根深蒂固的东西，那就是学校是选拔、认定民主领导人的最佳途径。

除了培养领导人之外，学校还要培养公民。在上文提到的《大幅普及知识法案》的做法里面，杰斐逊认为教育能够引导公民去纠正政治的决策，公民应该通过阅读新闻出版自由法律保护的报刊来接受政治教育，③他们会从中发现政治观点的交锋，并选择自己的立场。由此可以看出，学校在培养公民时的重要功能就是教会学生阅读。

与此不同，贺拉斯·曼④希望学校向全体学生灌输一种共同的政治信条。他认为，如果没有持有共同的政治信仰，社会必然会出现政治冲突和骚乱，在共同的学校⑤里面学习，来自不同教派，不同阶层的儿童都能够接受共同的教育，那些根本的分歧就能够消失。

共同的学校教育再加上共同的政治哲学的教学，这两者就能够建立起人们共同的政治信仰，这些信仰就能够确保美国政府的稳固。

---

① 精英教育：是指利用给与所有人平等的机会，提升他们的能力从而提升他们所处社会阶层的教育体系。在这种教育体系当中的进步，包括以后进入社会的升迁，都是建立在个人的成绩或者成就的基础之上的。

② 托马斯·杰斐逊，《弗吉尼亚备忘录》。

③ 关于这一点，在本论文第一章的最后一节有关第三课堂的问题中论述过。

④ 贺拉斯·曼1837—1848年担任美国马萨诸塞教育委员会负责人，有美国最伟大教育领袖的崇高声誉。他相信学校教育是推动社会前进的关键所在。

⑤ 共同的学校即common school，通常以为公立学校，19世纪30年代贺拉斯·曼在美国发起了公立学校运动。

在贺拉斯·曼的观点中有一个思想备受关注，也是和本论文极为契合的主要观点，那就是社会化的观点。简单的定义就是，社会化就是指学生通过与其他同学互动，遵守学校规章、参与学校社会活动，所学到的东西。对许多教育领导人而言，社会化是一种政治控制强而有力的手段，学会遵守学校的纪律，就是将来遵守政府律令的社会化过程。对学校和同学效忠，就会让公民以后对国家效忠，因为学校是一个微型社会，在这里，学生学会了调整自己的个性以适应这个社会的需求。

约翰·费希特①建议学校要教学生们唱爱国歌曲，给他们讲历史故事，让他们阅读能够提高对政府的奉献意识和爱国情怀的文学作品。他甚至强调，这种将社会化与爱国主义相结合的办法，会提高公民的参军愿望和可能性。而美国效忠宣誓和校风培育的举措在19世纪90年代就开始了。

到了20世纪20年代，《效忠誓词》演化为“我宣誓效忠美利坚合众国国旗，以及它所代表的共和国：统一国家，不可分割，人人享有自由和正义。”学校开设美国化课程，随着第一次世界大战的到来，宣誓效忠，唱爱国歌曲，参与学生自治管理，进行富有爱国主义色彩的活动成为美国学校生活的一部分。课外活动的不断发展也导致了人们对学校精神的重视。足球队、篮球队被组建起来，为这些体育运动队加油助威的啦啦队也非常活跃，其目的是为了营造一种校风，从而最终为学生们将来服务国家做好准备。

至此，我们已经能够从美国教育理念的发展过程中，逐步看出其公民教育的本质和本篇论文要阐述我国思想政治教育本质相同。既是为了学生本身的发展，同样也是为了学生将来能够服务国家做好思想上和技能上的准备。

所以接下来，我们来看美国的公民教育在具体目标的设定和教育过程的实施以及第二课堂的安排上有哪些值得我国思想政治教育

---

① 19世纪普鲁士领导人。

借鉴的地方。

2. 制度安排

(1) 相关法令

美国政府通过各种举措推动学科发展,强化了公民教育理论基础。

20 世纪 60 年代以后,美国的政治思潮和反叛文化在社会上的流行趋势引起了美国政府对公民教育的高度重视,这股潮流推动了公民教育理论研究的"专业化"、"科学化"发展。来自政治学、心理学、社会学等领域的专家学者们从各自的角度出发对公民教育进行研究,从不同的角度取得了大量的成果。

美国政府在推动公民教育方面不遗余力。在学科建设的过程中,各种思想不断地更新,为美国公民教育提供了理论依据和具体的实践指导。美国教育家大卫·克尔明确指出:公民教育作为一门特殊的课程,它应该是广泛课程整体的一个重要的部分,跨学科的方法是非常重要的方法,所以公民教育应当渗透到所有的课程中去。①美国实用主义教育家杜威在 19 世纪末就曾提出"学校即社会"、"教育即生活"的观点。另外,政治社会化理论被认为是关于如何加强人们政治观念和理想信念的专门的公民教育理论。道德认知发展阶段理论、价值澄清理论、社会行动理论等,这一系列理论的发展都为美国公民教育的科学化奠定了理论基础,并在不同程度上推动了美国公民教育的发展。

同时,美国政府颁布相关法令,从不同方面实施推动公民教育。

1916 年,全美教育协会(NEA)提出了建立"社会科"的建议报告,主要规定了全国学校公民教育的内容、方式、课程设置等。

1951 年美国社会科审议会在《第二十二册年刊》中列举出了好公民的具体特征,内容包括重视平等、自由、基本权利、法律和其他政

---

① Kerr, David, 1999. "Citizenship Education: An International Comparison."[C]. International Review of Curriculum and Assessment Frame works.

治价值。20 世纪 80 年代末，随着社群主义思潮的发展和逐渐确立，责任成为美国公民教育的基本价值取向。1988 年美国公民教育中心主持编制了《六至九年级公民教育培养方案》，其中明确规定，要对学生进行责任教育(Responsibility Education)。进入 20 世纪 90 年代以后，美国的公民教育进入到快速发展的时期。美国国会 1990 年通过了《国家、社区服务信托法》法案，国民服务被正式定为国家政策。1992 年美国政府拨款 7 300 万美元用于支持边服务边学习的活动。1994 年版的《公民与政府科课程标准》内所列的各种建议，其目的在于协助各中小学培养有能力、负责任的公民，这些公民对于保存与发扬美国宪政式民主政治的基本价值和原则都能有出乎理智的信诺。1994 年美国制定的《社会科课程标准：卓越的期望》明确指出，"社会科是一门旨在增进公民能力的社会科学和人文科学的综合课程。在学校课程中，社会科提供了从一系列学科中精选的内容进行连贯而系统的学习，这些学科包括人类学、考古学、经济学、地理、历史、法律、哲学、政治学、心理学、神学和社会学等，以及一些人文科学、数学和自然科学中的适当内容。"①这个法案的目标是让学生通过学习社会学科、人文知识，内容涉及社会伦理、道德规范、人性修养、民族情感以及政治信念，让学生了解各国社会制度的历史发展，学习当代美国政治、经济以及全球性问题等方面的知识，同时学习和接受美国的价值观、政治观、美国文化等资产阶级意识形态。《美国 2000 年教育目标》提出，要把社区变成大课堂，每个学生都要参加社会服务活动。

(2) 内容

美国公民教育的内容包括三个相互联系的方面，公民品质、公民技能及公民知识。公民品质、公民技能及公民知识构成了美国公民教育内容的基本面，无论其具体教育内容有怎样的差异，无论何时何

① National Council for the Social Studies. Curriculum Standards for Social Studies: Expectations of Excellence[M]. Maryland, Fourth Printed, 2001:3.

地，美国公民教育都是围绕着这三个基本方面展开的。

所谓公民品质，就是为公民所有的、有利于民主制度的顺畅运作和实现公众利益的态度和思维习惯。托克维尔将之称为心的习惯(habits of the heart)。他认为怎么强调公民品质也不过分。

公民技能分为两个方面：智力技能和参与技能。智力技能体现在公民能够对一个政治问题进行批判性思考，所以智力技能又被称为批判性思考技能。公民要做到知情、有效并负责任的要求，就必须对政治问题的历史和当代联系有深刻的理解，同时又必须掌握一套能够处理这种问题的智力工具或智力思考方法。

公民知识是运用公民技巧或展示公民品质的基础。个人要成为一个知情、能有效地发挥作用的公民，就需要掌握公民技巧，运用所学知识去思考和行动，并以理性的态度回应公民生活的挑战。

3. 第二课堂设置

(1) 公民服务

公民服务的项目有基于不同层面运作的项目，其中包括了基于学校层面运作的，也有基于社区、社会层面运作的。在这里我们主要简要地看一下与学校相关的公民服务，这样的公民服务主要在五个方面实行：(1)作为一种文化期望嵌入学校的日常教学活动中；(2)作为一种必不可少的、强制性的成分融入课程体系中；(3)作为可供选择的、志愿的成分嵌入课程体系；(4)作为获取高中毕业证书的必要条件；(5)作为行为训练或纪律惩戒的一种措施。[①]一般来说，与学校相关的公民服务形式既有一般的“社区服务”(community service)，也有把理论课程学习与社区服务相结合的“服务学习”(Service-learning)。根据1993年“国家和社区服务信托法案”(National and Community Service Trust Act of 1993)的表述，服务学习：(1)是学生借以通过积极参与那些经过深思熟虑组织的、并迎合社区需要的

① Arenas, A., Bosworth, K. & K wandayi, H.P.(2006) Civic service through schools: an international perspective. Compare: A Journal of Comparative and International Education. 36(1), p.23.

服务活动学习和发展的一种方法；(2)与小学、中学和高等教育机构或者社区服务项目以及社区协调运行；(3)有助于培养学生的公民责任感；(4)整合并提高学生的理论课程或者社区服务项目的教育蕴涵；(5)提供系统的时间让学生或参与者能反思他们的服务经历。可见，社区服务和服务学习都是公民服务具体开展的形式。①

(2) 学生政府(student government)

这个学生组织有点类似中国的学生会，但是它更多地强调把学生视作公民，把学校视作国家，同时，把学生政府视为一个真正的政府去参与管理学校的事务。它的活动方式是将学生视为学校的“公民”，为每个学生提供选举代表和参与学校、班级决策活动的亲身经历。这种过程能够形成有效、开放的学生政府，使学生能够积极地参与学校社团的管理过程，使学生有机会就学校社团面临的实际问题发表见解、进行分析并设计解决方案，从而大大提高了学生的自治能力和参与能力。②学生政府属于公民技能的培养。这种学生政府开始于学校教育的初始阶段，并一直要在整个学校教育过程中持续进行。小学生的学生政府以小组或者班级的范围开展活动，一般在小组中或班级委员会中学习相互影响、交换意见、采掘信息或形成行动计划，这些学习是与其成熟程度同步的。他们可以在这样的训练中学习认真倾听他人意见，有效询问相关信息，通过调停、妥协等方式来学习如何处理争端。稍大一点的学生在学生政府的训练中可以扩展到更大的范围，加入培养其监督和影响公共政策的技能。他们开始学习使用电子资源、图书馆、电话、个人交际和媒体等手段来研究公共问题。出席公共会议，从学生自治会到学校董事会、市议会、区域委员会和立法听证会，应当成为每一个中学生经历中一个必需的部分。而超越学生政府，直接观察法院活动，接触司法系统的运作，

---

① National and Community Service Trust Act of 1993. Public Law 103—182[H. R. 2010]. http://www.nationalservice.org/pdf/cncs_statute_1993.pdf.

② Influences of Extracurricular and Co—Curricular Activities on Civic Education at the District Level. http://www.civicd.org/index.html.

也是这种第二课堂的延伸，帮助学生成为一个合格的美国公民。然而，观察本身是不够的。学生不仅需要为这种经历做好思想上和行动上的准备，他们还需要合适的导师，简单来说就是在这个过程当中，学生需要在有见识的和熟练的老师指导下，很好地计划并设计出就他们的经历进行思考的机会。在学生政府的锻炼中，学生还培养一种非常重要的参与政治的能力——演讲、游说和组织联盟。如果公民想要影响政治生活的过程及其所执行的公共政策，他们必须扩展其参与技能的项目，获得他人在投票中的支持。这些基本的技能都是在课堂上传授基本技巧，接下来在第二课堂中获得实践和锻炼的。

(3) 学生社团

美国大学的社团，是全世界的学生社团当中形式最多样，种类最丰富，影响力最广泛的学生社团。这些学生社团吸收的成员不仅仅是其学校的成员，有些类别的社团还致力于学校以外的拓展，尤其是全球化拓展。学生在社团里的参与程度和自主程度略有不同，但是几乎全美大学的社团都有几点共性。一是社团分类细化，社团概念宽泛，二是活动经费直接来源于学费，三是活动场地较多、服务较好，四是流程公开透明，定期举行预算审批答辩、事务操作电子化，五是社团活动面向全校同学、不局限小圈子内。从几所高校的政策也可看出，校方尽管对社团的态度比较中立，甚至有些学校偏谨慎，但那些定位有独特性、运作有独立性的社团精品活动必定能得到大力支持。这些活动充分具备其所在大学的特点，代表其大学的风格。

哈佛大学目前有 600 多个学生社团(或称俱乐部)，其中建立了自己网站的社团有 546 个，得到学校认可的学生社团有 302 个，平均不到 30 个学生就有一个学生社团。他们受到很多校友的赞助，拥有别墅一样的房子作为活动场地，很大部分人都能在社团得到锻炼。其活动也是遍布各领域，甚至有专门为患先天性兔唇的孩子募捐的，有专门请成功的女性来演讲的。

社团中社员必须是有潜力能干的而且不能随便加入的，有着严格的审核标准并且是终身制。因此哈佛的学生都是以此为荣的，而那些后来成为国家领导者的人们，据说都在社团中做过领袖。需要竞争和考核才进得去的学生社团只有两个——一个是历史悠久资金雄厚的学生杂志《哈佛世界回顾》，一个是 HPAIR（哈佛—亚洲与国际关系研讨会）。HPAIR 是哈佛在国际上影响最大的学生年会。这个研讨会每年在一个亚洲国家首都举办，应邀参加大会的有世界知名的学者、专家和各国著名高等学府的优秀学生。他们被认为是各国未来潜在的领导人。马来西亚总理马哈蒂尔、韩国总统金大中、新加坡总统 Nathan 以及东盟组织领导人等，都曾是大会的嘉宾和讲演人。边干边学，各种能力提高很快。HPAIR 作为学生组织是由 16 人组成一届的工作集体。

哈佛大学的学生社团大致分为五大类：一是信仰型社团，如共和党员俱乐部（Republican Club）、巴勒斯坦团结委员会（Palestine Solidarity Committee）；二是专业学术型社团，如化学俱乐部（Chemistry Club）；三是艺术类学生社团，如管弦乐队（Harvard-Radcliff Orchestra）、魔术协会（Magic Society）；四是服务型学生社团，如红十字之友（American Red Cross，Harvard Friendsof）；五是地域性社团，这类社团数量最多。

而在本科生（Harvard College），学生组织（student organization）分为人文艺术（Arts）、性别问题（Gender & Sexuality）、健康福利（Health & Wellness）、公众服务（Public service）、宗教信仰（Religious Group）、女权主义（Women's Initiatives）、学术研究（Academic & Pre-Professional）、民族文化（Cultural & Racial Initiatives）、政治政策（Government & Policies）、新闻媒体（Media & Publication）、再创重现（Recreation）、社会问题（Social）、校园生活（Campus Life）十三类。其中，社团以俱乐部（Club）、小组（Group）、社团（Society）、联盟（Association）、剧团（Ensemble）、联队（League）等形式遍布在上述十三个类别中。

例如芝加哥大学的注册社团共有近 300 个，加上没有在学生组织注册委员会（CORSO）进行注册的各类学生团体，总数超过 500 个。

芝加哥大学的竞技类社团,比如辩论队长期在地区及全国范围的比赛中获奖,比如芝大保龄球队是全国冠军。芝大的希腊兄弟会、姐妹会也发展得很红火。在服务类社团中,“the Giving Tree”和“Habitat for Humanity”比较具有代表性。

由学生自主运作的校剧团每年在芝大的两座剧院为大家带来35场演出。音乐方面的表演类组织也包括了丰富的表演类型。

仅从以上几个例子可以看出,美国高校社团的发展相对而言非常完备,能够满足学生各种类型的需求,美国名校的情况差别不大,类型比较全面,符合了学生对业余生活、兴趣爱好、学术探讨、服务社会等方面的愿望和需求,而各个大学也都具有贴合自己学校学术背景的特色社团。这在公民教育当中起到不可替代的作用。

二、新加坡大学中第二课堂现状分析

1. 教育理念

新加坡在正式独立以前,历史上曾长期沦为英国的殖民地,也在二战期间一度为日本所占领。1959年实现自治后,又归属在马来西亚联邦管辖之下,直到1965年独立的新加坡共和国成立。共和国成立之初,新加坡国内政局持续动荡、黑社会组织和不良社团活动猖獗、生活环境恶劣不堪,短时间内,人们归属和效忠的对象发生了极大的变化,由归属英国到日本占领,再到马来西亚联邦管辖,最后到共和国的诞生,这一切造成国民在对国家、政府认同的问题上产生了混乱。新加坡政府及其领导人深刻地认识到,只有通过加强对国民进行公民教育,树立“我是新加坡人”的意识,才能使这些移民及其后裔们逐渐放弃旧的国家认同感和归属感,而认同和归属于新加坡共和国。①虽然新加坡社会是个多元种族社会,主要有华人、马来人和印度人这三大种族,但是儒家思想在新加坡政府及领导人中影响颇

---

① 徐志芳.韩国、日本和新加坡青少年学公民道德教育比较研究综述[A].北京2006年青少年学生公民教育国际论坛论文集[C],2006,5:385—399.

深，在新加坡道德教育体系中，“忠诚、孝顺、友爱、礼貌”等儒家伦理道德价值观占据主导地位。

同时，新加坡的殖民经历使其在社会制度和法治建设当中深受西方思想影响，非常注重法律惩戒强制手段的运用。因此新加坡思想政治教育的特色就在于德法兼施（即道德教育与法制教育相结合）和强制教化。在这一理念的指导下，新加坡辩证地看待儒家伦理道德，确保实现将新加坡建立成为一个活力充沛的工业化国家的目标。因此，现实中，新加坡摒弃了那些不适合现代社会的传统习俗，抽取其中适合新加坡的若干部分，并结合客观实际加以改造，形成了具有新加坡特色的“新八德”，即“忠孝仁爱礼义廉耻”。

新加坡建国后面临的首要问题是人民的生存和国家的经济发展，为解决这一问题只能从实际出发，制定出切实可行的各项政策。与此同时新加坡身处东西方文化背景中，深受东方实用理性熏陶和西方实用主义的影响。新加坡大学的任务就是为新加坡的经济发展培养各类专业人才。新加坡大学所发生的变化并不是由教育部决定的，而是由贸工部决定的。贸工部明确指示，大学的作用是为满足经济发展的人才需求，这个做法和许多国家是迥然不同的。所以在这一节的第二课堂的设置当中，我们就不着重于新加坡高校的各种做法，而是特别针对其中小学的相关第二课堂的设置进行梳理。

经过将近五十年的不断发展，新加坡逐渐形成了其独特的教育理念，新加坡教育部在其官方网站上公布的教育目标是帮助学生发现其自身的天赋，挖掘其自身的潜力，培养终身学习的热情。对于新加坡这个国家来说，他们希望能为新加坡未来培养、塑造强有力的一代建设者。这个未来对于新加坡来说意味着面向亚洲，蕴藏巨大的机会，同时也可能会出现无法预测的变化。在这个塑造的过程中，学校的任务就是为年轻人提供更多全面发展的机会，让他们有能力把新加坡的未来建设得更好。为了配合实现这样的教育目标，近年来新加坡的教育体系越来越灵活多样化，多样化的教育形式主要目的是为了适应学生需求的多样化的需要，在打好基础的前提下，加强课内和课外教育，确保全面发展或者说是全人发展目标。①

这样的描述充分体现出新加坡的教育界全面实践的教育理念就是人的全面发展，而教育途径是课堂教育和第二课堂教育并重。

新加坡将思想道德教育分为三个阶段。小学阶段是打基础阶段，主要是自信的培养、品格和价值观的形成，十分重要。此阶段根据学生的认识阶段和范围，从个人出发、再延伸至家庭和学校、最后落脚在社会和国家，围绕塑造个性、联系家庭、学校的归属感、社会责任感和以国为荣的国家荣誉感为教育内容，依据小学生的特点在手段上选择直接教学，包括讲情景教学、朗诵、角色扮演、故事等具体方式。

中学阶段为巩固阶段，目标是巩固和发展小学阶段所获得的成果，围绕社区服务精神培养、宗教文化了解、个人潜力挖掘、良好品德养成等内容，通过情境再现和情境体验等方式，让学生参与亲身体验，再结合讨论、问答等方法深入拓展学生视野，同时针对学生的不道德、不正确的价值观，应用价值澄清法予以“澄清”，以期达到培养学生道德判断力和行为决策力的目的。

大学阶段为深化阶段，旨在培养学生东方价值观、道德判断和行为能力及社会责任感，主要方法包括传授、讨论以及学生自我反思，主要内容则包括有伦理道德、政治思想、法律思想、历史文化、国际交流等多方面。整体看来，新加坡思想政治教育遵循思想道德形成的规律和学生的认知接受规律，在低年级关注培养良好的行为习惯，高年级则偏重于学生社会责任意识及自我判断能力方面的培养，这种教育方式，循序渐进，内容上环环相扣，层层递进，联系紧密，形成了不断自我发展的良性循环。

2. 制度安排

灌输引导相结合是新加坡思想政治教育的主要方法。新加坡为公民道德教育课程的制定、修改、完善设立专门的部门，也在中小学

① http://www.moe.gov.sg/education/.

设有专门的思想政治教育课程，学校还相应地开展测评，并把成绩纳入升学考试的考核中；另外，新加坡高校没有设立专门的、统一的思想政治教育教材，而是由各个学校自主，从自身实际出发，开设相应的道德教育和思想政治教育课程，主要通过介绍政治学的基础知识和新加坡的政治思想，向学生传播国家的治国理念，培养爱国精神。

新加坡高校思想政治教育课程目标主要包括培养学生"新加坡人"意识、引导学生树立东方价值观、培养学生道德判断和行为能力等三个方面；课程内容主要包括伦理道德教育、政治思想教育、法律思想教育、历史文化知识教育和国际交流的教育等五个方面；课程实施主要通过专门课程教学、专业课渗透、德育活动等三个方面进行。①

新加坡独立之初就将学校德育置于重要位置，新加坡为强调发展学生的社会观和公民职责观念，20 世纪 60 年代颁布了"学校公民训练综合大纲"，开始对全国中小学实施统一的公民教育与公民训练。大纲规定了各类学校公民教育和公民训练的时间、内容等，并设立了一个专门委员会负责编写一个新的教学大纲和训练大纲。这个大纲将早先华校开设的伦理课，推广为在全国学校进行，并改伦理课为公民课。公民课是伦理课的延续，但比伦理课更强调爱国、效忠和公民意识的培养。

1974 年，新加坡政府对公民课教学大纲和教科书进行了检讨，推出了"生活教育"课程，将公民意识和历史地理融于一体。要求学生树立正确的道德观念与自立意识，客观、正确地对待传统与现实的关系，培养个人对社会的责任与义务意识。针对西方文化的冲击和价值观念的挑战，新加坡的学校着重从效忠国家、增强社会责任感、提升个人品格等方面对青年学生进行德育教育。②1979 年，新加坡政府委派文化部长王鼎昌，组成了一个委员会全面调查、研究新加坡公

① 卢艳兰.新加坡高校的思想政治教育课程评介[J].湖北社会科学，2008，4：178—180.

② 王胜利.对新加坡公民道德建设的思考[J].道德文明，2002，4：12—15.

民与道德教育，于同年5月提交了《道德教育报告书》。以《道德教育报告书》为引导，随着时代的发展和形势的变化，新加坡不断更新学校德育的内容和方法。新加坡从20世纪80年代开始对实施多年的公民教育进行全面反思和研讨，1991年新加坡政府公布了“共同价值观白皮书”，提出各种族都能接受的五大价值观，即：国家至上，社会为先；家庭为根，社会为本；关怀扶持，尊重个人；求同存异，协商共识；种族和谐，宗教宽容。①新一代的道德教育就是在这五大价值观的指导下应运而生的。目前中小学实施的公民与道德教育的宗旨是，培养身心健全的个体，使他具有强烈的道德意识，良好的人际关系，同时也能对社会发展作出贡献。为了达到这个目标，道德教育从态度、知识、技能三方面着手，在态度方面，通过灌输各种道德价值观，使学生具有良好的行为，并为自己的行为负责任；在知识方面使学生了解作出正确决定前需要注意的道德准则；在面临困难时，学生要掌握应付、处理的技能。学校开设了一系列公民与道德教育课程，促使学生的学业与人格和社会意识同步发展。旨在将学生培养成为“有温情、独立思考的公民，并为他们步入急剧变化的技术时代做好准备”。新加坡学校德育的针对性很强，也具有操作性很强的指标体系。如小学德育课程涉及个人、家庭、学校、社会、国家五个主题，包含35个德育指标，每个指标都附有具体的要求；中学德育课程涉及培养良好品德、发挥个人潜能、促进人际关系、肯定家庭生活的重要性、发挥社区精神、加强对文化与宗教的认识、培养献身国家建设的精神七个主题，每个主题也都附有具体要求。②在开设专门的思想政治教育课程之外，学校还将各专业课作为思想政治教育的实施对象，起着一种“渗透作用”，这种间接的教育方式也是学校思想政治教育的重要渠道。新加坡透过专业课的教学，将思想政治教育广泛寓于多个学科之中，如在历史课的教学中，介绍新加坡自身的奋斗史，加

① 龚群.新加坡的道德价值取向[J].上海师范大学学报(哲学社科版)，2006，35(3)：14—21.

② 王胜利.对新加坡公民道德建设的思考[J].道德文明，2002，4：12—15.

强对国民身份的认同感；在语文教材中介绍礼仪、风俗、家庭观念，主要吸收东方价值观和儒家思想中忠孝礼让睦邻的有益成分；以音乐、戏曲等形式传承优良的民族文化，展示深厚的民族文化底蕴；通过法律课教学，使新加坡的法律形成过程为学生所理解，帮助他们树立正确的法制观念；以开设与新加坡社会相关的学科为切入，介绍新加坡社会的起源、种族、宗教，帮助学生全面了解新加坡社会，正确处理个人与社会的关系。这种隐性状态下的教育形式更富成效。学校在开展专门性的公民道德教育，还开设形式多样的课外辅导活动，涉及榜样示范、阐释道德行为、践行个人的价值观等多方面。

3. 第二课堂设置

(1) 设置“活动学习课程”

新加坡中小学除了开设公民与道德教育、国民教育等课程推动“国家意识”教育之外，还在小学额外增加了课程辅助活动(Co-Curricular Activities，简称 CCA)，活动内容包括团队课外活动、教育部指定的核心活动、学校自拟活动等。包括每天一次的升旗活动、形式多样的文体活动、义务劳动和文明礼貌月活动等。

教育部指定的核心活动包含了为了给学生提供更加丰富多彩的活动，更好地培养学生的全面素质，设计的“活动学习课程”(Programme for Active Learning, PAL)，将思想政治教育活动的要义和精髓贯穿和隐藏在文化活动中，依托于一定的文化活动形式，用润物无声、潜移默化的方式对受教育者进行引导。目的是提供机会让孩子们广泛接触各种各样的活动，以便及早发现每个孩子的特长和兴趣所在。针对小学生开设的 PAL 课程每周安排 2 个学时，小一和小二学生主要参加两个系列的活动，一个系列是体育类活动，另一个系列是艺术类活动，如舞蹈与戏剧表演。至小二年级结束时，每个孩子都将参与过 6 种活动。如果孩子对某一种活动特别感兴趣，则可以参加学校的课外辅助活动(Co-Curricular Activity, CCA)，更加深入地参与相关特长或技能培养。

为了确保“国家意识”教育能够落到实处，新加坡教育部制订了严格的《学校规则》。要求每个学生每日早晨都必须参加庄严的升旗仪式，高唱国歌并朗诵誓言。下午放学时，还要举行降旗仪式并唱国歌。通过这一系列行为准则的学习和反复强化，学生在日常生活中逐步养成了良好的道德品质和行为规范。①

（2）节假日活动

国家认同教育，必须依托特定的文化资源进行，倘若离开了特定的文化资源，将成为无源之水。在这些文化资源当中，包括传统节日、历史传说、名胜古迹等在内的象征性符号起着重要作用。在新加坡国家认同建设中，通过实际应用这些象征性符号发现，节日起着重要作用。

节日具有很强的“仪式”教化功能，现代国家自然而然地把它作为培养公民效忠国家、献身民族的载体。节日可分为政治性节日和传统节日。政治性节日，如国庆节、独立节等可以强化公民的爱国主义情感和对社会制度的认同；传统节日是民族文化传承的重要载体。民族文化以血缘与地缘为依托，将一个民族共有的精神与性格凝聚在一起，是一个民族发展的天然纽带。②

20世纪70年代末，在全国推行儒家文化再生运动。把在华人的日常生活中、庆典、祭祀活动中被继承下来的忠孝仁义、以和为贵、入世有为、重俭抑奢、廉洁勤政、重视教育的华人的安身立命之本的观念，通过开展了诸如“全国礼貌月活动”、“全国推行华语月活动”、“敬老周活动”，并结合新加坡实际对儒家文化的现代价值进行阐释，订立了“忠孝仁爱礼义廉耻”新八德，作为治国之纲。“使学生通过学校、家庭和社会等多种途径，接受了‘文化再生运动’的熏陶，并较系统地接受了中华民族优秀文化传统，尤其是儒家伦理的教化”。时至今日，新加坡仍有大小不等的宗乡会馆300余个，这种以“血缘”为纽

① 吴礼昌.“我是新加坡人”——新加坡中小学的“国家意识”教育[J].外国中小学教育，2009，4:45—49.

② 吴玉军，吴玉玲.新加坡青少年国家认同教育及其启示[J].外国中小学教育，2008，7:49.

带的团体在弘扬传统文化与价值观方面依然活跃，起着重要作用。每年农历新年，由新加坡宗乡总会和新加坡报业控股等机构举办的“春到河畔迎新年”成为新加坡华人盼望的节日活动。舞龙狮、唱大戏、看杂耍、品风味小吃等这些活动为保留传统，对留住新加坡的“根”发挥着举足轻重的作用。

为了增进“我是新加坡人”意识，淡化其种族观念，新加坡特别重视政治性节日和符号在“国家意识”教育中的作用。新加坡公民从小学起就接受升国旗的礼仪教育。每年的国庆日、国际劳动节、国际儿童节等政治性节日，新加坡学校都利用这一有效时机积极增进学生的国家认同感。①每年的 8 月 9 日是新加坡的国庆日，早在 6 月就看到屋外墙上迎风飘扬的国旗；在地铁车载电视上，闲暇中观看为国庆创作的歌曲演唱，感受爱国的情怀；在街头巷尾，街心花园都会竖立起高大的宣传牌，色彩鲜艳的宣传牌上自豪的微笑写满每一个人的脸庞。在学校，老师们不厌其烦地教孩子们唱国庆的新歌。一系列的庆祝活动在全国各地如火如荼地举行，可以说整个月全岛都沉浸在欢庆祖国生日的无限喜悦之中。②

由于多元种族构成关系所决定，在新加坡存在着各种各样的民族节日。华人、马来人、印度人等都有自己相应的节日。新加坡推行“种族和谐、宗教宽容”的政策，允许和鼓励各民族发展自己的文化。反映在学校教育中，则也让不同民族的学生加强对互相之间文化的了解和接触，引导学生对其他民族的传统节日加以包容和接纳。

以上这些社会政策的实施，不但能够从总体上增强新加坡人对国家的认同，而且对于中小学生而言，其内心也必然会因此产生强烈的爱国冲动。

正是由于学校、家庭和社会的教育是全方位的，营造了良好的国民教育氛围，因此其“国家意识”教育的效果非常显著。

---

① 吴玉军，吴玉玲.新加坡青少年国家认同教育及其启示[J].外国中小学教育，2008(7)：49.

② 侯新才.新加坡公民教育的启示[J]. 武汉市教育科学研究院学报，2007(2)：100—101.

(3) 社区服务活动

社区服务计划(Community Involvement Programme,简称 CIP),目的是培养学生对社会的责任感,以及对国家的归属感与献身精神。通过参与社区活动,学生可以培养为人民服务的美德,并且跟同学建立起深厚的友谊。①

新加坡的社区把"睦邻友好"关系作为主要内容,使社区成为亲身参加思想道德实践的有利场所,对营造思想道德实践的社会氛围发挥着不可替代的作用。

参与社区服务活动是新加坡进行"国家意识"教育的重要途径。社区服务活动使学生增加了对社会和国情的了解,培养了社会责任感,是对课堂教学的有益补充。新加坡中小学现行学生上午上课、下午不上课的半天上课制,其目的就是让学生有更多的时间参加学校的校内外活动。参与社区服务活动是新加坡进行道德教育的又一重要途径。早在 1990 年新加坡教育部就制定和推行了一项学生社区服务计划,旨在培养学生建立正确的价值观,从小养成服务精神。包括:"好朋友"计划;关怀与分享计划;负起校内的领导责任;到福利收养所和儿童组织服务;清洁环境计划;临时服务如春节慰问活动、慈善乐捐活动等。通过活动使学生将课堂理论学习与现实生活的身体力行结合起来,有利于实行知行统一。②规定中学阶段的学生每年至少要完成 6 小时的公益劳动,初级学院的学生每年至少要完成 40 个小时的社区服务工作,通过社区活动提高道德实践能力,培养学生乐于奉献的精神。社区服务活动使学生增加了对社会和国情的了解,培养了社会责任感,是对课堂教学的有益补充。

新加坡政府积极创立融学校和社会机构为一体的互动合作的文明社区,并建立社会教育网、教育监督站,营造良好的国民教育氛围。

---

① [Singapore]Ministry of Education System[EB/OL]. http://www.moe.gov.sg/education/.

② 贾东立.新加坡中小学道德教育教学特色述评[J].外国教育研究,2006(8):39—41.

（4）校外社会实践活动

社会实践作为一种参与性的和互动性的课外活动形式，是学校课程教学的一种必要补充，在中小学生“国家意识”教育中发挥着重要的作用。利用青少年课外时间以及节假日开展一系列主题教育活动，如组织夏令营、冬令营活动、革命圣地游活动以及瞻仰烈士陵园、青年志愿者等丰富多彩的活动，把深刻的教育内容融入生动有趣而又意义深远的社会实践活动之中，充分发挥其青少年思想道德和公民意识与能力的教育引导功能，并把这些活动规范化、制度化、经常化，为青少年参与社会提供良好的渠道和支持保障机制，不断拓宽青少年公民教育的平台。①

新加坡教育部明确指出，虽然学校和教师在对学生的价值观教育中发挥着关键作用，但这不意味着价值观培养仅仅是学校的责任，家长及社会同样需要发挥重要作用。学校、家庭和社会需要联合起来，密切合作，共同致力于对学生价值观的培养。特别是学生家长，作为孩子受教育的关键利益相关者，需要发挥重要的教育作用，因此，教育部呼吁学校进一步加强与家长的合作。

新加坡政府在进行学校教育的同时，特别注重在社会层面上强化国民的国家归属感。1997 年新加坡教育部费时半年、耗资 40 万新元拟定了一个国家意识教育计划。分成三个主要部分：一是《我们是新加坡公民》教育电视节目。目的是灌输给学生社区精神、效忠与归属感、在国际社会中的生存能力、法律与秩序、权力与责任等核心观念。小一到中四的学生都要观看这套电视节目；二是学校带中小学生去探访国家古迹和区域游学计划，了解不同民族的习俗以及新加坡的局限，从而使学生珍惜取得的成就；三是“我们的祖国，我们的人民”国家知识资料配套，使中小学生进一步了解新加坡的局限及所需的求存能力。②

---

① 侯新才.新加坡公民教育的启示[J].武汉市教育科学研究院学报，2007(2)：102.

② 王学风.21 世纪新加坡中小学国民教育的特色[J].现代中小学教育，2005(11)：9.

新加坡中小学的社会教育包括在校青少年有组织的校外教育活动和有关社会知识、社会服务意识及生活技能的教育。通过建立广泛的社会教育网、教育监督站，利用社会教育机构进行各种“国家意识”教育活动，包括：举办跨学科“学习周”系列社会实践活动，从多角度认识和认同国家，如国家意识周活动；文明礼貌日活动；华人文化周、印度文化周活动；[1]注重节日等象征性符号在国家认同感建构中的作用，提升学生对国家的意识，如举办升国旗仪式及“国旗下的讲话”；举办具有民族传统的文化艺术活动，认识和认同新加坡的多元文化及民族“和谐”。

同时，社会组织的参与是新加坡学生爱国主义教育的重要力量，其中人民协会的重要作用是非常显著的。我们可以把人民协会青年运动简单地理解为类似中国共产主义青年团的群众组织，只是其政治隐蔽性强，用国家的概念取代政党的概念，在强调自身政治中立的情况下，成为对青年人实施思想政治教育的一个重要的教育主体。[2]人民协会是新加坡一个半官方的机构，在民众和政府沟通的过程当中充当桥梁的作用，虽然其强调自己是没有政治属性的一个民间机构，但是从其成立的过程，组织的活动甚至是其名称当中我们就可以看出其和新加坡执政党人民行动党的千丝万缕的关系。人民协会当中有一个机构叫作“青年运动”(PEOPLE'S ASSOCIATION YOUTH MOVEMENT(PAYM) CONSTITUTION)，青年运动的宗旨有四条：第一，促进社会和谐，培养青年人的国家意识和爱国主义精神；第二，引导青年人追求崇高理想；第三，培养青年人的领导能力和组织能力；第四，在国家和国际的层面培养青年人的友情，促进青年人的相互理解。

---

① 吴丹，赵兴宏.新加坡思想政治教育对我国的启示[J]. 重庆科技学院学报(社会科学版)，2008(2)：187.

② People's Association Youth Movement(Paym) Constitution(as at 12 August 2011).

第六章　我国高校思想政治教育第二课堂形态构建

经过了思想政治教育第二课堂理论基础分析以后，在整理其历史沿革脉络的基础上，全面剖析了我国高校思想政治教育第二课堂的现状和主要问题，根据对美国、新加坡两国地方的相关第二课堂的梳理情况，我们从理念形态、制度形态、政策措施形态以及实施形态等等几个方面开始全面构建我国高校思想政治教育第二课堂。

一、高校思想政治教育第二课堂理念支撑

根据本文在第一章里面教育学的分析，我们其实已经得到一个结论，那就是教育学是跟随着时代的发展经历了不同的理念变更的，从课程论来讲，可以简单划分为以希腊博雅课程为代表的“目的与工具统一”形态的课程理念、以夸美纽斯为代表的“工具—方法”形态的课程理念、以斯宾塞为代表的“工具—内容”形态的课程理念和以拉尔夫·泰勒为代表的“手段—目标”形态的课程理念：工具意义课程理念的极致化。①

思想政治教育第二课堂理念支撑是以马克思主义实践观指导的中国特色社会主义教育观，以人的全面发展为目标，以学生和老师双中心论为原则，开展的思想政治教育活动。人的全面发展思想是马

① 卜玉华，《西方传统课程核心理念形态的变迁及其方法论反思》，教育理论与实践，第21卷(2001年)第3期：29—34.

克思主义理论里面非常重要的组成部分。在马克思对人的全面发展理论的研究中始终将人的全面发展置于社会形态的发展中，他认为人的全面发展是一个漫长艰巨的社会历史过程，在这一历史进程中可以将人的发展划分为三个历史阶段："人的依赖关系（起初完全是自然发生的），是最初的社会形式，在这种形式下，人的生产能力只是在狭小的范围内和孤立的地点上发展着。以物的依赖性为基础的人的独立性，是第二大形式，在这种形式下，才形成普遍的社会物质变换、全面的关系、多方面的需要以及全面的能力的体系。建立在个人全面发展和他们共同的、社会的生产能力成为从属于他们的社会财富这一基础上的自由个性，是第三个阶段。第二个阶段为第三个阶段创造条件。"①同时，第三个阶段也就是共产主义阶段被形容为"代替那存在着阶级和阶级对立的资产阶级旧社会的，将是这样一个联合体，在那里，每个人的自由发展是一切人的自由发展的条件"②。

马克思认为人的全面发展是三个方面的发展，一是指人的需要和个性的全面、自由而充分的发展。人的个性的全面发展充分发挥了人作为主体的作用，"了解自己本身，使自己成为衡量一切生活关系的尺度，按照自己的本质去估计这些关系，真正依照人的方式，根据自己本性需要来安排世界"③。人的个性的全面发展主要包含了以下几个方面：人自身中自然潜力的充分发挥；身心的和谐发展；个人需要得相对全面和丰富；个人的精神道德观念和自我意识的全面发展；个性的自由发挥④。二是指人在社会关系中的全面发展。人的社会关系是人的本质的存在体，"社会关系决定着一个人能够发展到什么程度。"⑤人的全面发展离不开社会关系的充分丰富和全面占

① 马克思恩格斯全集：第30卷[M].北京：人民出版社，1995：107—108

② 马克思恩格斯全集：第30卷[M].(P107—108)北京：人民出版社，1995：243

③ 马克思恩格斯选集(第1卷)[M].北京：人民出版社，1995：60

④ 庞世伟.论"完整的人"——马克思人学生成论研究[M].北京：中央编译出版社，2009：232—233

⑤ 马克思恩格斯全集(第3卷)[M].北京：人民出版社，1979：295

有。因而,人的社会关系的全面发展是人的全面发展的一个重要内容。马克思在《(1857—1858)年经济学手稿》中认为:"个人的全面性不是想象的或设想的全面性,而是他的现实关系和观念关系的全面性。"①人的社会关系的全面丰富和发展意味着人与自身、人与人、人与自然等各种关系的全面、自由而充分地发展。三是指人的劳动能力的全面、自由而充分的发展。劳动是人生存与发展的基础和动力,人通过劳动在改造客观世界的过程中获得自身的发展,劳动使"生产者也改变着,炼出新的品质,通过生产而发展和改造着自身,造就新的力量和新的观念,造就新的交往方式,新的需要和新的语言。"②人的能力是包括多方面的素质的综合,是身体素质、思想道德素质、科学文化素质、心理素质均衡发展的有机结合。同时,人的自由发展意味着每一个人的发展会呈现差异性和独特性。

在这样的理念形态下,思想政治教育第二课堂就必须遵从三个原则:全面发展原则、自由发展原则和具体实践原则。

1. 全面发展原则

马克思指出人的"活动和享受,无论就其内容或就其存在的方式来说,都是社会的,是社会的活动和社会的享受。自然界的人的本质只有对社会的人来说才是存在的;因为只有在社会中,自然界对人来说才是人与人联系的纽带,才是他为别人的存在和别人为他的存在,才是人的现实的生活要素;只有在社会中,自然界才是人自己的人的存在的基础;只有在社会中,人的自然的存在对他来说才是他的人的存在,而自然界对他来说才成为人。"③人的全面发展与社会的全面发展息息相关。对于大学生思想政治教育来讲,全面发展就必须紧密结合中国社会的全面发展,顾及到各个方面的发展阶段和发展水平。党的十九大报告指出:"要全面贯彻党的教育方针,落实立德树人根本任务,发展素质教育,推进教育公平,培养德智体美全面发展

---

① 马克思恩格斯全集(46卷下)[M].北京:人民出版社,1980:36

② 马克思恩格斯全集(第46卷上)[M].北京:人民出版社,1979:494

③ 马克思.1844年经济学哲学手稿[M].北京:人民出版社,1985:78—79

的社会主义建设者和接班人。”这是新时代赋予高校思想政治教育的重要使命。要深入理解立德树人的深刻蕴涵，坚守中国特色社会主义大学的立身之本。新时代坚持立德树人，就要坚持社会主义办学方向，坚持以马克思主义为指导，全面贯彻落实党的教育方针，切实加强和改进高校思想政治工作，帮助师生掌握科学的世界观和方法论，提高运用马克思主义的立场观点和方法认识和改造世界的能力，为完成人才培养、科学研究、社会服务、文化传承创新、国际交流合作重要职责努力奋斗。要坚守立德树人的根本价值取向，提升学生的思想政治素质。引导学生正确认识世界和中国发展大势、中国特色和国际比较、时代责任和历史使命，增强在复杂的国际国内环境中辨明方向、看清趋势、把握未来的能力，自觉将个人的理想追求融入国家和民族的事业中，把远大抱负落实到实际行动中，勇做走在时代前列的奋进者、开拓者。要把握立德树人的关键环节，大力加强师资队伍建设。健全教师政治理论学习制度，引导教师增强对中国特色社会主义的思想认同、理论认同和情感认同；加强师德师风建设，培养造就有理想信念、有道德情操、有扎实学识、有仁爱之心的好老师队伍，确保立德树人根本任务落到实处。

作为针对还处于学习阶段学生的思想政治教育，还必须意识到学校和其所在的人际环境也同样是社会的组成部分，“只有在集体中，个人才能获得全面发展其才能的手段，也就是说，只有在集体中才可能有个人的自由。”①“一个人的发展取决于和他直接或间接进行交往的其他一切人的发展”。②由此就又可以看出，全面发展还必须把学生放在学校和学生当中去审视。这就告诉我们，每个不同的学校甚至学校里不同的群体的全面发展程度是不一样的，在社会发展的大前提下，必须注意到这个小前提的存在，思想政治教育第二课堂才能够正确地设计。

---

① 马克思恩格斯全集(第3卷)[M].北京：人民出版社，1960：84

② 马克思恩格斯全集(第3卷)[M].北京：人民出版社，1979：515

2. 自由发展原则

人的自由发展是指人作为主体自觉、自愿和自主的发展，是把人作为目的的发展，是人的全部才能的自由发展。自由是人的本质特征，是人和物相区别的根本属性。在马克思的著作中，人的全面发展与自由发展经常相提并论。人的自由发展有两个方面的含义，一方面是指相对于自然的自由发展，这是指人们认清了自然规律以后获得的一种顺应自然规律的自由王国；另一方面指的是相对于社会的自由发展，人们不再为社会分工所束缚，而是根据自己的心愿从事自己喜欢的工作，“任何人都没有特定的活动范围，每个人都可以在任何部门内发展，社会调节着整个生产，因而使我有可能随我的心愿今天干这事，明天干那事，上午打猎，下午捕鱼，傍晚从事畜牧，晚饭后从事批判，但并不因此就会使我变成一个猎人、渔夫、牧人或批判者”①，虽然，这样的社会形态不是目前中国特色社会主义现实阶段所能够达到的阶段，但是，这样的描述告诉我们思想政治教育第二课堂在设置的过程当中，完全可以以此为理想和目标，根据这样的原则设计整个的教育模式。

简单来说，就是遵从自由发展的原则，让学生在参与思想政治教育第二课堂的过程当中按照自己的喜好选择其愿意参加的活动，而参加这样的活动的同时又不会让学生因此而贴上某一类型的学生的标签，更不会因此而成为某种特定人群，这就要求思想政治教育第二课堂在设计的过程当中，满足其复合性功能要求的同时，不断丰富其自身的形式，以其自身的不断变化和多样，满足学生的个性化需求，让学生能够在多样化的选择当中完成思想政治教育第二课堂的教育目标，形成一种自由发展的氛围。

3. 具体实践原则

人的全面发展是社会实践的过程。人的发展与作为类的人的发展同人类社会的发展一样，是一个从简单到复杂的发展过程，也是一

① 马克思恩格斯选集(第1卷)[M].北京：人民出版社，1995：85

个从低级到高级的发展过程。在《1857—1858 年经济学手稿》中，马克思从历史的角度考察了人的主体发展过程，提出了人的发展“三阶段”理论。

“人的依赖关系”是人的发展的初始阶段，由于生产力的低下，人们的社会活动范围很狭小，人的独立性还没得到发展。个人和自然、社会处于一种浑然一体的关系中。虽然个人的发展是不自由、不全面、不充分的，但是又很可能存在这样一种情况即“单个人显得比较全面。”①对此，马克思认为“在发展的早期阶段，单个人显得比较全面，那正是因为他还没有造成丰富的关系，并且还没有使这种关系作为独立于他自身之外的社会权力和社会关系同他自己相对立”。②马克思指出这种“单个人显得比较全面”不是真正意义上的全面发展，而是“原始的圆满丰富”。第二大形态是以物的依赖性为基础的人的独立性。生产力的发展和社会分工的发展打破了人的原始的丰富性，造成越来越严重的人的异化现象。资本主义发达的社会分工造成人的片面发展，同时，人从天然的血缘关系如形形色色的人身依附关系中被资本主义社会经济主体的独立和自由解放出来，人类整体的进步和个体片面发展形成一种矛盾。这种“物的依赖关系”阶段在人的发展历程中的阶梯作用不可忽视，资本主义“在生产出个人同自己和同别人的普遍异化的同时，也生产出个人关系和个人能力的普遍性和全面性”。③人的发展第三阶段建立在个人全面发展和他们共同的社会生产能力成为他们的社会财富这一基础上，是自由个性阶段，是马克思主义社会发展理念中的一条基本原则和追求的最高价值目标。每个人可以获得充分的自由发展。

人从简单到复杂、从低级到高级所要经历的三个阶段，实践是决定性的力量。更重要的是马克思直接提出的教育与生产劳动相结合是造就全面发展人的唯一途径，这就告诉我们思想政治教育第二课

---

① 马克思恩格斯选集(第 1 卷)[M].北京：人民出版社，1995：109

② 马克思恩格斯全集(第 46 卷上)[M].北京：人民出版社，1979：109

③ 马克思恩格斯选集(第 1 卷)[M].北京：人民出版社，1995：109

堂设置的第三个原则也是最重要的一个原则就是实践性原则，让学生在具体实践中得到适当的教育，这个实践正如马克思的实践概念一样，并不局限于某一种劳动或者某一种固定的形式，而是让学生真正接触生活本身，用人类实践的历史脚步带动学生的不断自我完善。

二、高校思想政治教育第二课堂制度建设

思想政治教育第二课堂制度主要是描述其教学组织方式，思想政治教育第二课堂虽然不是课堂教育，但是它依然是一个教育活动，需要遵循教育的规律设置其课程标准，并制定其教学组织方式。下面我们就根据教育学的相关规律提出思想政治教育第二课堂应当遵循的课程标准和教学组织方式。

1. 课程标准的逻辑依据

课程标准是规定某一学科的课程性质、课程目标、内容目标、实施建议的教学指导性文件。课程标准在课程的基本理念、课程目标、课程实施建议等几部分阐述得详细、明确，特别是提出了面向全体学生的学习基本要求。课程标准的建立能够帮助学生更好地理解教师对他们的期望，从而促进学习。思想政治教育第二课堂是教育的一个方面，虽然它不是传统意义上的课程，但是基于教育的基本观念，思想政治教育第二课堂的教育计划就相当于一般课程的课程标准。这是一个非常难以建立又非常需要探讨的部分，长期以来，这几乎是一个空白的领域，目前还没有公认的课程标准，或者说从事思想政治教育第二课堂工作的老师们还没有完全意识到建立完整的教育计划即标准对第二课堂的意义和重要。在这里我们参照教育学的课程标准概念，在明确了思想政治教育第二课堂设计原则以后，第二步是设置合理的标准。将其分为两大类，一类是集中于活动类型，关心的是课堂上教师向学生传递专门知识的活动，另一类是内容标准，集中于作为教学活动的结果，学生应该具有什么知识和能力，思想政治教育第二课堂应该选择将注意力放在确立内容标准而不是课程标准上。本文尝试从几个方面探讨思想政治教育第二课堂课程标准设置的可

能性和需要涉及的一些问题。

首先,我们尝试从课程标准的逻辑依据入手,审视思想政治教育第二课堂课程标准问题。标准化教育的制定者赞成综合考虑不同原因的方法,这些原因与下列问题有关。

国家安全。国家安全观点的主要内容是把教育作为一个保障来抵御各种国际问题。只有当本国的新一代人民与其他国家的人具有相同的能力或者更好的能力时,国家经济才能增长,政治才能安全。如果教学计划不够完善,国家的建设者和接班人就无法与国际上其他人形成有效的竞争,国家安全就不能够保障,我们已经分析过美国和新加坡的类似思想政治教育职能的教育情况,无论是美国还是新加坡,他们在实施公民教育的时候已经打破了课堂的概念,完全把公民知识、公民技能和公民品质的教育制定出确实的标准,并在教育和生活的方方面面实施,范围涉及学校、社区、社会机构等等,全面为国家安全服务,所以,在我们的思想政治教育第二课堂的设置中,必须制定较高的标准,让学生坚持这一标准,并且使学生表现出较高的水平。

财政责任。思想政治教育第二课堂的投入越来越多,尽管各个高校的差异性仍然非常显著,但是,越来越多的高校在这方面的投入成倍地增长,在这样的趋势当中,校际比较必然发生,标准化的思想政治第二课堂能够为解释经费的合理使用提供方便。

校际差异。在许多地方,学校与学校之间的差别还是非常显著的,这些差异给教育质量的评估带来了巨大的困难。社会主义建设的要求是希望大学培养出来的建设者和接班人都能够达到一定的政治水准和素质水准,如果没有统一的第二课堂标准,仅仅凭各个学校自己的评价和学生自己的描述,在我国目前的诚信水准下,学生和学生之间的比较甚至学校与学校之间的比较都是不客观的。经过一定的论证和分析,我们认为思想政治教育第二课堂必须制定其相关的课程标准。

2. 课程性质和内容目标

思想政治教育第二课堂的性质是集理想信念教育、爱国主义教育、公民道德教育和素质教育于一体的综合性课程。理想信念教育主要是深入进行树立正确的世界观、人生观和价值观教育，使大学生正确认识社会发展规律，认识国家的前途命运，认识自己的社会责任；爱国主题教育主要是深入进行弘扬和培育民族精神教育，引导大学生在中国特色社会主义事业的伟大实践中，在时代和社会的发展进步中汲取营养；公民道德教育是以基本道德规范为基础，着力培养大学生良好的道德品质和文明行为；同时以大学生全面发展为目标，深入进行素质教育。

关于课程目标的设置，前文提到过教育目标的来源大致有五个，对学习者本身的研究、对当代校外生活的研究、学科专家对目标的建议、利用哲学选择目标、利用学习心理选择学习目标。具体到思想政治教育第二课堂课程目标的设置来说，总体目标已经比较明确，基于对当代大学生的研究，学科专家的建议和心理学相关理论研究能够设置相对具体的课程目标。

从能力的角度来看，需要学生具备这样一些能力：用马克思主义立场、观点和方法面对实际问题；做出正确的价值判断和行为选择；主动参与经济、政治、文化生活；在社会生活中正确处理竞争与合作关系；培养为未来生活而自主学习、选择、探索；增强依法办事、依法律己和依法维护自身权益；发展采用多种方法特别是现代信息技术，收集、筛选社会信息。

从情感、态度与价值观来看，要培养学生热爱中国共产党，坚定走中国特色社会主义道路的信念；热爱祖国，热爱人民，关心祖国命运，增强民族自尊心、自信心和自豪感，弘扬中华民族精神，树立为实现中华民族伟大复兴而奋斗的志向；培养学生关注社会发展，积极参加社会实践，诚实守信，增强社会责任感和民主法制观念，培养公民意识；培养学生热爱集体，奉献社会，关心他人，乐于助人，倡导团结友善的精神；培养学生乐于学习，尊重科学，追求真理，具有科学态度和创新精神；培养学生热爱生活，积极参加健康有益的文化活动，保持昂扬向上的精神状态，追求更高的思想道德目标；培养热爱和平，尊重世界各民族的优秀文化，关注全人类的共同利益，培养世界眼光。

3. 教学组织方式

针对相应的思想政治教育第二课堂课程目标，有计划有步骤地实施是其达到预期课程效果的重要保障，接下来对课程资源开发以及教学资源等方面提出初步的构想。

课程资源是课程设计、编制、实施和评价等整个课程发展过程中可利用的所有的人力、物力以及自然资源的总和。

（一）丰富、拓展课程资源

第一个是文字与音像资源。最主要的资源是思想政治教科书，同时还包括了其他涉及经济、政治、文化、哲学等各类社会科学，另外时事政治等方面的报刊、书籍、图片、录音、录像、影视作品等，也是思想政治课程的重要资源。

第二个是人力资源。最重要的人力资源是思想政治课教师，教师的素质状况决定了课程资源开发与利用的范围和程度。学生是学习的主体，同时也是重要的课程资源。人力资源还包括家长及其他社会各界人士。

第三个是实践活动资源。广义的实践活动包括课堂辩论、讨论、演示等；也包括课堂外的调查、参观、访谈等。纪念馆、博物馆、文化馆、教育基地、自然和人文景观等等，都是实践活动课程资源。

第四个是信息化资源。收集网上资源，利用信息技术和网络技术，包括多媒体资料、文字资料、教学课件等。

（二）主动开发课程资源

需要能动地去寻找、认识、选择和运用课程资源，它不会自动进入教学领域，课程资源的开发和利用，是特定部门和人员的专业行为，更是教师主导的活动。

自主开发。教师在课程资源的开发中要发挥主体作用，认真领会和学习课程的目标以及内容；分析课程资源开发与课程目标实现的关系，评估课程资源的特点及其价值；根据实际情况选择和利用课程资源。

特色开发。学校要从具体的学生特点、教师特点、学校特点、地域特点出发，发挥各自的优势，使课程资源的开发呈现出独特性、丰富性、多样性，有效实现特色开发。

共同开发。教学活动是老师和学生共同参与的过程，课程资源的开发利用，要充分发挥全体老师和学生的作用，鼓励他们积极参与收集、处理、展示课程资源，有效利用。

三、高校思想政治教育第二课堂政策举措

政策形态指的是政策执行状况的整体映象，政策形态有三个层面的意义，首先它反映政策在执行过程中自身状态的变化情况和政策相关因素的参与度和配合度，以及相关因素对政策本身产生的多大的影响。其次它是政策执行主体与政策执行对象之间，包括其各自内部之间因素相互博弈的结果，又是政策与周围的环境相互适应的结果。第三，政策形态与执行过程密切相关，可以根据政策形态的变化采取积极有效的应对措施，保证政策的贯彻实施。

1. 政策自身状态

思想政治教育第二课堂政策形态主要体现为政策在执行过程中自身状态的变化情况与政策相关因素的参与程度。从国家层面的政策来看，《中共中央国务院关于进一步加强和改进大学生思想政治教育的意见》(中发[2004]16 号文)涉及的因素包括思想政治教育第二课堂的目标、内容和老师三个因素，其中最能够直接表现参与度和配合度的就是老师这个因素。思想政治教育第二课堂的老师涵盖了学校党政干部和共青团干部，思想政治理论课和哲学社会科学课教师，辅导员和班主任。根据对这些老师的划分，学校党政干部和共青团干部负责学生思想政治教育的组织、协调、实施。这就等于明确了第二课堂教育课程开发主体是学校党政干部和共青团干部。这些工作主体在工作的过程中必须认识到在课程开发过程中，教师的重要性已经不仅仅关系到对已经实施的课程的责任心，教师的角色更具有

批判性，教师所做的事情是对实施课程的解读，对课程进行修改以满足学生的需要，并且使课程与教师自己所处的背景相协调。把思想政治教育第二课堂的教学放到一般教育的课程开发的过程当中解读，我们就可以理解，在思想政治教育第二课堂的教学开发过程中，各种身份的老师的参与是非常重要的，因为，作为教学来说，也许课程已经被其他人编制出来，但是教师本身一直对教授的课程进行着修改。教学是一种互动的活动，正如思想政治教育第二课堂的既有的很多活动方式已经被整体设计出来，有一定的框架体系，但是老师在教育实施的过程中，对活动重点的把握和理解，会直接影响到一个活动，甚至一系列活动的教育效果。这就要求思想政治教育第二课堂的老师们必须把自己放到一个具有批判性意义的角色上，深刻地领悟教学活动的意义，才能够很好地实施教育。

课程的开发都有一定的背景和环境，教师在开发过程中必须注意到这样的因素。首先是国家因素，在许多情况下，国家层面的工作会直接影响到教育实践，由中央政府直接通过具体活动规范思想政治教育第二课堂的法律法规相对较少，但是，国家层面的课程工作一般被认为是相当肤浅的议程，这个议程在全国范围内公布的目的是为了引起省市自治区的关注。在思想政治教育第二课堂的设置方面，国家层面能够起到相关政策导向性作用的机构会发布相应的政策，供各个省市自治区采纳，在全国范围内对高校思想政治教育第二课堂产生重要影响的政府机构和群众组织包括：

教育部思想政治工作司，宏观指导高等学校基层党组织建设、精神文明建设以及辅导员队伍建设工作；发布高校辅导员队伍建设、高校校园文化建设、大学生社会实践、大学生心理健康教育、大学生形势政策教育的相关信息。

教育部高等教育司，承担高等教育教学的宏观管理工作；指导高等教育教学基本建设和改革工作；指导改进高等教育评估工作；拟订高等学校学科专业目录、教学指导文件。在思想政治教育方面，高等教育司相关的政策平台包含了创业教育和基地建设，在创业教育方面，其发布了《普通本科学校创业教育教学基本要求（试行）》，可以看出，这个思想政治教育第二课堂的组成部分正在和课堂教学逐步结合，而基地建设当中，国家大学生文化素质教育基地和红色经典艺术教育示范基地同样是思想政治教育第二课堂的内容之一。

高等教育学会，中国高等教育学会是高等教育工作者及高等教育机构自愿组成的全国性研究高等教育科学的学术团体。组织相关的研究工作的开展。

科学技术部，相应地开展一些和科学技术普及或者培养科学精神的活动。

中共中央宣传部，由精神文明建设入手，开展相关的教育活动。

共青团中央，中国共产主义青年团（简称共青团）是中国共产党领导的先进青年的群众组织，是广大青年在实践中学习中国特色社会主义和共产主义的学校，是中国共产党联系青年群众的桥梁和纽带，也是中国共产党的助手和后备军。设计了包括志愿者活动，社会实践活动，大学生课外科技创新活动，大学生创业活动，各类大学生论坛活动等等。

这些国家层面的整体要求表面上看是互不相关的，每一个国家机构或者群众组织都从自己的角度出发，发布和自己的工作或者职能相关的活动指令，从实质上来看，这都是一种课程导向，在课程方向这个层次明确了第二课堂可以涉及的范围。

接下来是省市自治区背景，各个省市自治区对应于中央的各级单位都会有相应的部门，在这里就不再一一罗列，他们主要负责贯彻中央各项精神和工作，那么为什么省市自治区也成为这一层级，这完全由于在我国发展现阶段，经济发展的不平衡、文化发展不平衡和教育发展的不平衡现状要求各个省市自治区必须根据自己不同的地方特点设计思想政治教育第二课堂的工作。在这个层级的课程开发工作相应地更能够直接由教师参与，当省市自治区一级的课程开发工作开展起来的时候，能够让一些专门的人员处理课程的问题，在思想政治教育第二课堂设计的时候，就更有可能组织当地的各类专家组展开深入的研讨，对地区的第二课堂做全面的指导。

再接下来是个别学校的背景，学校层面的政策对老师这个因素的关注是不够的，学校层面应当在政策上保证作为思想政治教育第二课堂老师的教学资格和教学保障。学校层面的工作，最能够体现出与来自同一学校内部全部教师的交往，这个工作如果要取得成功，必须由教师们全面的参与，个别学校的课程工作常常特别强调教学单元，强调具体细微的课程计划，这个具体的课程计划主要回答下列问题：1）教授什么；2）将教学内容介绍给学生，有哪些实用的观点；3）如何评定学习；4）有什么好的办法可以使学生投入地学习；5）有什么学习资源；6）如果我们实施这些建议，目前我们从事的工作中，哪些工作必须停止。在对课程工作进行反思并将课程转化成学生的有意义学习经验的过程中，教师的思想才能够变成现实。对于思想政治教育来讲，个别学校的具体情况完全不同，每个学校都有自己的学科特点、校园风气、学习氛围和一定的思维方式，这要求思想政治教育第二课堂的老师，即学校的管理人员和共青团干部形成一个整体，具体谋划细微的课程计划。对于一个学校来说，对思想政治教育第二课堂面对的以上六个问题作出正面的回答，才是老师的职责所在。

2. 政策因素配合度

其次政策形态还包含了政策执行主体与政策执行对象之间，包括其各自内部之间因素相互博弈的结果，又是政策与周围的环境相互适应的结果。在这里我们集中力量探讨学校直接进行思想政治教育第二课堂政策博弈的结果。

在课程活动中决不能单枪匹马，需要与那些对课程有特殊看法的人一起行动，这些人当中，需要有一些对课程具备相关学科领域的专门知识，一些对教学全部材料有独到的见解，一些对课程的推广有一套办法等等。根据中央的文件规定，思想政治理论和哲学社会科学课教师根据学科和课程的内容、特点，负责对学生进行思想理论教育、思想品德教育和人文素质教育，这是正式的课堂教学范畴，那么除了前文提到的学校管理者和共青团干部以外，辅导员和班主任的角色在第二课堂中也非常重要。辅导员和班主任更多的是直接教学的力量，辅导员按照党委的部署有针对性地开展思想政治教育活动，班主任负有在思想、学习和生活等方面指导学生的职责。根据这样的功能划分，我们就完全可以看出，思想政治第二课堂的课程设置过程完全可以形成工作组，其中包括学校管理人员和共青团干部、哲学社会科学学科带头人和教学骨干队伍以及辅导员和班主任代表，深入地研判在以上三个背景下，思想政治教育第二课堂的课程设置，同时，在这个过程中，每一个即将参与教学的辅导员和班主任都务必能够完全地介入整个研讨过程，使自己不仅仅成为一个执行者，更是一个批判者，在实施教育的过程中不断改进课程计划，达到更好的教学效果。

这就明确地提出，思想政治教育第二课堂需要的不仅仅是中央文件里面提到的老师，更需要全体师生的共同参与，由各种老师和学生一同设计并实施这些教育内容。

同时，学校层面关于思想政治教育第二课堂的老师政策保证一致是一个没有解决的问题，国家政策在学校层面没有响应的落实细则，直接导致学校政策执行过程遇到阻碍。

学校的政策细则针对老师的部分需要解决以下三个问题，从事思想政治教育第二课堂工作的老师如何被认定？他们需要承担哪些具体工作以及工作量如何计算？他们的晋升如何与一般课程老师相统一？

教师背景同样是值得注意的问题。一般来说，教师在工作过程中形成强烈的主人翁意识，并热切渴望用新的形式教学。思想政治教育第二课堂的老师，无论是学校管理人员和共青团干部还是辅导员和班主任，在和学生接触的过程中更加容易产生主人翁意识，更加热切地渴望创新活动内容，那么参与思想政治教育第二课堂设计就能够使他们全面理解思想政治教育的基本方针和其中的要素，并了解推荐使用的教学方法。不积极参与这样的工作的老师就缺乏这样的教育视野，面对这样的问题，就必须要求这些老师提升自身的工作能力，尽量使他们能够全面地参与全部的课程设计，这样有助于最后形成的活动方案不会与教育实施者的兴趣、背景偏离太多，成为日后教育的隐患。

这三个问题一旦能够被解决，思想政治教育第二课堂的第一大难题就迎刃而解。另外学校政策细则还需要针对思想政治教育第二课堂的场地保证和资金保证提供政策支持。教育活动是需要场地和资金投入的，学校必须根据中央的政策精神，结合自身实际拿出相应的资源配套，推动思想政治教育第二课堂的发展，从而进一步达到全面落实思想政治教育的结果。

四、高校思想政治教育第二课堂评估体系

1. 课程评价本质

如果我们把思想政治教育第二课堂课程作为评价的对象，作为价值评价的客体，那么思想政治教育第二课堂课程的价值主体可能表现为两个方面：一是思想政治教育第二课堂课程与受教育者即学生的关系，思想政治教育第二课堂课程是否有价值主要看思想政治教育第二课堂课程对学生思想道德素质形成和发展的价值；二是思想政治教育第二课堂课程对思想政治教育的价值，它对于思想政治教育的价值如何，是否更有效地满足了思想政治教育的要求，实现了思想政治教育的价值，是价值评价过程的重要组成部分。

思想政治教育第二课堂课程对受教育者的价值最终体现在受教育者思想道德素质的提高上。为了全面对思想政治教育第二课堂课程进行评价，我们必须既评价思想政治教育第二课堂课程对思想政治教育的价值，也要分析思想政治教育第二课堂课程对受教育者的价值。

目前在高校里课程评价的开展经常停留在针对课程本身的评价上，以思想政治理论课的课程评价为例，主要侧重在“两课”教材评审、“两课”教师评价、“两课”教育教学工作评估等方面广泛开展。党的十六大以来，大学生思想政治课程建设方面，通过充实教学内容，

完善课程设置，形成了结构合理、功能互补、相对稳定的课程体系。2005年2月7日，中共中央宣传部、教育部发出了《关于进一步加强和改进高等学校思想政治理论课的意见》，标志着“05”课程新方案正式出台，也对课程评价提出了新要求。《意见》规定：关于教材评价，要建立高校思想政治理论课教材编审委员会，对教材进行审议。关于教学评价中的考试和考核，要改进和完善考试方法，采取多种方式，综合考核学生对所学内容的理解和实际表现，力求全面、客观地反映大学生的马克思主义理论素养和道德品质。[①]对于思想政治第二课堂来讲由教育部社会科学研究和思想政治工作司主持的高校学生思想政治状况则更接近教育目标的评价标准。泰勒认为评估的过程，从本质上讲，就是判断课程和教学计划在多大程度上实现了教育目标的过程。教育的目标在于让学生的行为模式产生期望中的改变，那么评估就是判断这些行为实际上产生了多大程度的变化。

高校学生思想政治状况调查采取了问卷调查与座谈、访谈相结合的方式，但是针对高校思想政治教育总体目标首先应该评估学生的行为，其次，评估应该包含在任意一段时间内做的一次以上的评估，一般需要知道在教学开始之前学生达到了怎样的程度，至少第一次的评估应该在教学的早期阶段进行，另一次应该在晚些时候进行，这样就可以测量出发生了什么改变。而具体采用什么样的手段和方法是可以不断修正和改进的。观察也是了解学生的习惯和某种操作性技能的有用工具。任何能够获得有效证据的方法都是合适的评估程序。

有一点需要明确的是在抽样评估之前，行为目标是需要清晰界定的，除非一个人对教育目标所隐含的行为有着清晰的概念，否则不可能了解学生的哪类行为是我们追求的，也不肯了解实现教育目标的程度。对教育目标下定义是评估的重要步骤。课程评价的方式是多样的，它既可以是定量的方法也可以是定性的方法。

---

① 骆郁廷、黄建军，《高校思想政治理论课程评价的历史演进及其启示》，学校党建与思想教育，2008.7。

2. 学生为主体的评价体系

学生作为评价的目的，应该在思想政治教育当中更多地发挥学生的主动性，确保学生在课程评价中的主体地位。学生参与的课程评价如果仅停留在对教师的评价上，就会使评价走向反面，变成管理主义的工具。学生的评价是一种最直接、最切身的评价，是当事人的评价。任何课程必须向学生运动，最终把课程所提供的经验内化为学生自己的经验，只有这样，课程的价值才能通过学生的发展表现出来，离开了学生的反应，课程的价值就无从体现。

所以构建一种学生为主体的评价体系是思想政治教育第二课堂可以探索的道路。在实际的操作过程中，曾经有过类似的案例，在2010年上海世博会开展过程中，有超过8万志愿者分成14批，交替在世博园区提供服务，80%以上的志愿者来自高校。于是，2010年上海世博会志愿者服务成为高校思想政治教育的平台，由于这个平台的高度展示性和开放性，上海世博事务协调局志愿者部制定了详细的志愿者评价方案以保证志愿者服务的高质量顺利进行。他们引进了社会专业评价机构针对志愿者表现展开调查，分别在志愿者进入园区和即将离开园区展开游客满意度调查，提供志愿者在服务期间的各项表现数据，同时，在志愿者服务结束以后，让学生填写调查问卷，其中有一个栏目专门针对志愿者自我评价设计，让志愿者分别对岗位设置、带教老师表现、世博局整体组织安排和自我表现进行满意度打分。通过这样的全样本调查，收集教育目的相关数据，提供给学校，供学校掌握这一实践课程的实施效果整体情况。经过半年的时间，志愿者服务水平越来越高，同时，在岗位要求和设置当中也不断提升，达到学生满意的状态，使得学生在这一课程中有更多的收获。尽管这个课程不是连续针对某一个高校的学生开展的，但是，这样的评价体系适用于高校思想政治教育第二课堂的很多课程安排或者说活动安排。不同的年级在开展每一个学年相同的课程时，完全可以科学地设置类似的评价体系，优化课程安排，同时更清晰地掌握学生思想政治教育第二课堂成果。

在以上的案例当中就是除了专业评价人员、教师以外，将学生同样放入评价主体，形成专业评价人员、教师和学生三位一体的评价体系。专业评价人员的职责是向委托人汇报评价结果。教师代表社会或学校对学生进行评价，表达自己对学生和教育过程的期望，并进行各方的沟通和协调。学生是评价者，同时也是被评价者，学生需要表达自身的学习兴趣和发展要求，并且能够对课程的价值和教育的实施充分发表自己的看法。外部人员对课程的评价主要是从外部进行观察，收集资料，了解学生在外在的表现。而课程的价值核心在于引起学生内部世界的变化，而内部世界的变化只有学生自己才能充分感知，不同主体的合作能够看到教育目标在不同层面的实现程度。另外，同样的课程对不同的学生意义也是不同的，因为学生感知经验的过程是不同的，课程变化的结果是由学生个人的变化所表征的，只有通过学生自我记录才会显示出来，评价人员和老师能够更多地描述出教育结果的共性，而学生的记录则更好地反映个性。

学生究竟发生了哪些转变，需要学生与家长、学生与教师、学生与学生之间共同协商，达成的结论即是判断课程价值的标准。学生根据这个结论进一步检视自身，并提出改进学习和改进课程的要求，从而促进个人和课程的转变。

以制度保障的主体取向的评价体系，以学生为主体的课程评价是课程评价不可或缺的一个方面，同时也是学生的自我形成不可或缺的一个方面。建立一种以多元主体为取向的思想政治教育第二课堂课程评价制度，建立促进学生全面发展的课程评价体系，保障学生的课程评价权利，是课程发展之必然。

第七章　我国高校思想政治教育第二课堂实施

思想政治教育第二课堂实施形态包含了几个方面，第一个方面是思想政治教育第二课堂的内容选择，第二个方面是思想政治教育第二课堂内容的排列，第三个方面是思想政治教育内容组织和实施形态。

一般来讲，选择课程内容的时候，标准包括合法性、重要性、真实性、适合学生特点和教师背景。从事课程开发的人员经常会发现课程内容方面的决策是为他们自己制定的，思想政治教育本身已经有相关政策限制了第二课堂的全部内容。

合法性就必须先一起分析这些课程内容的范围，应该选择什么内容，应该排除什么内容。重要性是指如果能够回答以下两个问题，那么课程内容的决策就是正确的，第一个问题是掌握这样的内容对于学生完成这个领域的知识是否必要，第二个问题是掌握这样的知识能不能促进学生在其他领域的学习。第一个问题实际上是要求课程的开发者提供的内容能够为学习者提供继续学习的可能性，第二个问题是寻求学生能够对所学内容融会贯通的可能性。真实性原则满足的是课程内容需要包含理性、客观要求这一需求。尽管社会上的一般人员也会对于课程内容的决定提出他们自己的意见，但是在这里就不得不充分尊重课程专家的意见，让缺少专业知识训练的人们不要影响课程内容的最后决策，证明课程内容经得起真实性的检验就能够使人们建立起对教育的信任。

应该按照什么样的顺序，把彼此孤立的教学内容有序地呈现给学生，一般来说教育学当中提供了以下的六种基本序列方式，其中第六种方式则融合了前面五种方式中至少两种以上的特点。部分—整体序列，这个方式又称为“简单—复杂模式”，按照这种方式来组织内容，就是按照先易后难、由浅入深的方法组织。这种方法的基本假设是学生只有掌握前面的内容才能够进行后续学习。整体—部分序列，这个方式正好与上一个方式相反，先交给学生该门课程的全景图，然后再对构成整体的部分进行教学，这种教学方式比较适合培养学生的整体观念。时间排序，这种方式主要是按照时间的推进顺序来安排内容。主题序列，这个领域要求各个主体之间对彼此都不太依赖，具体的主题之间的排列顺序有很多种，但是，参与这种课程的开发，就要求对学生的兴趣和需要的主题都必须有自己的见解，这些见解将成为主题排序的基础。这一点尤其能够反映在素质教育的整体过程中，教师必须全面来了解学生，针对学生的兴趣和他们的特点把不同的活动内容设计出来并且进行先后的排序。外部限制序列，这种排序方式对课程内容的处理并不是根据课程内容本身的特点或者学生的需要进行的，这种外部的限制要求课程必须发生在特定的时间。整合模式，在编排课程的时候会综合运用以上的模式。

设计一个教学计划，在这个计划中把一个整体的内容分成几个小的部分，应该从几个方面来考虑，主标题的外延必须足够大，才能够容纳大量的重要信息，但是与此同时也要注意“大”是有限度的；还必须考虑到学生的特点，一般来说年龄小的学生的教育计划比年龄大的学生的教学计划要细致；教学计划当中的不同部分的主次也是需要讲究的，要能够体现教学内容的本质；在强调每个教学计划的独立性的同时要依靠学生的需求差异、教学环境、老师等不同的情况确定；必须要考虑到先前的学习经验和未来的学习成果。

思想政治教育第二课堂本身已经具有几类现实的形式，在本小节我们就根据其现有的组织形式设计其应然的实施形态，根据不同的组织方式，总体上我们把思想政治教育第二课堂实施形态分成三种模式：主题教育、社会实践、校园文化，这三大类活动形式类比成思想政治教育理论课的几门课程，这几门课程应当分别做出其不同的教学计划，即其内容及实施形态。

一、主题教育的内容及实施

主题教育在以往的思想政治教育第二课堂当中，都是根据不同的时间设计不同的活动，我们认为，首先应当明确主题教育内容的合法性，主题教育的内容就是“以理想信念教育为核心，深入进行树立正确的世界观、人生观和价值观”；“以爱国主义教育为重点，深入进行弘扬和培育民族精神教育”；“以基本道德规范为基础，深入进行公民道德教育”；“以大学生全面发展为目标，深入进行素质教育”。党的十九大在回顾中国特色社会主义历史性变革的基础上确立了中国特色社会主义进入新时代的历史方位，明确了新时代中国共产党的历史任务、基本方略和战略部署，为新时代中国特色社会主义伟大事业描绘了新的蓝图，也为新时代大学生思想政治教育指明了方向。高校应深入学习贯彻习近平新时代中国特色社会主义思想和党的十九大精神，全方位践行新时代大学生思想政治教育使命。这为高校的思想政治教育第二课堂提供了大的主题，围绕大的主题各个学校需要设计符合自己学生特点的主题教育活动。

外部限制序列，这种排序方式对课程内容的处理并不是根据课程内容本身的特点或者学生的需要进行的，这种外部的限制要求课程必须发生在特定的时间。在这里往往体现的是思想政治教育的时效性，就是根据某一个时间发生了重大事件，或者说某一个时间是具有特殊意义事件的纪念日，那么思想政治教育第二课堂应当抓住这样的机会开展教学，正如新加坡的节日活动，结合国家的节庆和传统的纪念日，将理想信念教育和爱国主义教育结合起来，在各种主题的仪式教育中呈现出不同的教育意义。

具体的主题教育的教学计划需要把一个整体的内容分成几个小的部分，应该从几个方面来考虑，主标题的外延必须足够大，才能够容纳大量的重要信息，但是与此同时也要注意“大”是有限度的；还必须考虑到学生的特点；教学计划当中的不同部分的主次也是需要讲究的，要能够体现教学内容的本质；在强调每个教学计划的独立性的同时要依靠学生的需求差异、教学环境、老师等不同的情况确定；必须要考虑到先前的学习经验和未来的学习成果。

主题教育的内容涵盖广泛，在这里由于篇幅的限制无法整体全面地设计出其教育计划，这里只能选取其中的一个环节来说明其教学计划应当如何设计。

以仪式教育的教学计划的开展来说明内容的安排。在仪式教育当中，主标题的外延要足够容纳大量的重要信息，第一个步骤就首先需要意义赋予。

通过仪式要达到思想政治教育的目的，需要意义的赋予才可完成。只有具有独特性的物体（存在）才可被赋予意义。意义赋予的过程，就是使仪式相对于特定人群独特化的过程。国旗的独特性不存在任何的异议，国旗代表国家的意义赋予过程早在它诞生的时候就完成了。同时值得注意的是一个仪式能够被赋予特定的意义还依赖于当事人共同的经验，通过一个仪式过程将某些不具独特性的物品成为指代（唤起、称谓）共同经验的标识。这个过程可类比语言现象，任何发音组合都潜在地可能成为“词”指代人们的共同经验，进入我们的世界。孤立的意义是不存在的，我们总是在一幅“意义”的地图下进行意义赋予，即多个环节等会构成一幅意义的地图，并相互关联具有结构。意义的赋予可理解为在意义的地图中获取自己的位置（即参与仪式的人在不同的阶段获得不同的感受）。升旗仪式的爱国主义意义在世界范围内的意义赋予过程无须多谈，其他环节的意义赋予还需要依靠更多的文化符号来展开。

仪式教育内容安排的第二个步骤是文化分析，加强和宣传本阶级的意识形态，是统治阶级进行阶级统治的一项重要任务。而历来任何大型的庆典，都是国家宣传和展示自己意识形态的绝佳舞台，特别是在意识形态强烈的社会主义国家，中国自然不例外。国旗、校旗、鸽子三个文化符号，在一般的高校升旗仪式中都具有符号意识形态。布尔迪厄将意识形态称为“符号暴力”或“符号控制”；索绪尔认为“语言符号连接的不是事物和名称，而是概念和音响形象”；虽然索绪尔将语言看成是社会的，但他主要是对语言进行纯粹的形式研究，并没有将它同社会文化联系起来。罗兰·巴特，沿着他的思路将普通符号学发展为社会符号学，不仅语言是符号，人的行为、身体、人造物等都是符号，人类文化世界就是一个符号体系的世界。或者说这些符号也是语言，它们也在言说着这个世界。因为在这些形形色色的符号背后，潜藏着丰富的语义信息和隐秘的思想结构。

意识形态的符号学研究思想和方法，使人们对该概念及其运行机制的理解更加深入，传统意义上的将意识形态简单地等同于统治阶级意识的做法可能需要修正，意识形态不仅表现在显而易见的政治领域，也不仅表现于意识形态的国家机器，它以符号的形式，表现在日常生活的各个角落，它凭借对身体的无意识压制，实现某种权力的欲望，譬如，性别、性、身份、种族、民族等等都可以成为权力欲望的场地。

通览《中华人民共和国国旗法》，未曾见到对个人应怎样使用国旗的规定，这不得不说是一个失误。我们举个例子，在中国拍摄的大多数电影中，有心者很少能够看到中国国旗出现的场面，但是相反，在美国好莱坞大片中出现美国国旗的次数，简直不胜枚举。虽然大多都是一闪而过的镜头，如果你不留意就根本不会察觉，可见美国的爱国主义真是宣扬得不留痕迹，不着一字。其实，除了那些古代戏、星战戏之外，一切发生在美利坚合众国成立之后的故事一律有星条旗的身影。再来看看我们国家对国旗使用的规定，真是让人“汗颜”。但是升旗仪式恰恰是在这样的文化环境下少数能够引起人们共鸣的爱国主义教育契机。这也恰恰说明了人们需要一种文化养成，能够随时随地看到国旗的存在，能够引起人们神圣感的精神皈依。

校旗的出现在高校升旗仪式当中是扮演护旗的角色，校旗承担的符号意义是这个学校滋养长大的所有人都能够为这个国家的强盛和繁荣保驾护航，校旗代表了现场的所有学生，校旗的正式出场是让每一个学生能够感受到自己的精神家园在正式形成的过程。不同大学的学生对自己的母校的感情往往也是在这种赋予意义的符号中得到体现。

鸽子的出现其实是现代社会人们获得社会经验在学校仪式教育中的应用，鸽子往往代表了和平，一种神圣庄严的气氛在一群鸽子飞过蓝天时被营造出来，正如中国人都很熟悉的歌曲中唱到“今天是你的生日，我的中国，清晨我放飞一群白鸽，为你衔来一枚橄榄叶，鸽子在崇山峻岭飞过”。有这样的文化背景，在学校的升旗仪式上运用这样的元素，就容易让参与仪式的人感受到仪式的庄严性，避免了学校升旗仪式走走过场，学生们参与反而觉得升旗是一件很随意的事情，影响德育的整体效果，甚至带来负面影响。

第三点需要安排的是说服方式，文化一向都是由人建构的，传统也是不断地被重构和被发明的，那么谁拥有这份建构和发明的权力？建构与发明的依据又是什么？被建构与被发明的传统怎样才能取得合法性，并为大众所接受。只有解决了这个问题，那么思想政治教育的核心问题才能够借此找到合适的突破口，即说服方式选择。仪式教育的说服，更多的是仪式过程对人类行为的规范，进而形成心理上的认同，最终产生行为上的约束效果。

升旗仪式的合法性本身来自国家权力机构，而更多的其他仪式，其实在合法性问题上多来自三个部分：一来自历史传统，二来自权力机构，三来自新闻媒体。也就是说，在思想政治教育的总体框架下，仪式教育要依靠历史传统解决文化的认同，依靠权力机构赋予其意识形态的意义，同时依靠现代化的各种宣传手段甚至管理学的营销手段来达到最终说服的目的。仪式要能够说服人，以下几个方面势必是问题的突破口：

（一）仪式本身需要一个中立的、拥有一定自主权的、且受到全场人员关注和尊重的承载主体。在升旗仪式上，重点是国旗和校旗，而其他的仪式，比如说毕业典礼，那么校长就成为这类重要的承载主体。主体本身对参与仪式的人具有强大的精神领导力。

(二)执事者和媒体在全过程中所关注的焦点,需要均匀地分散在仪式的进程和现场所有人身上,这样就能按部就班地去完成仪式。同时能够让参与仪式的人员有强烈的存在感,在教育途径中,情境教育的核心就是在这样的环境中体现出来。让受教育对象感受到尊重和被尊重,更易于其被仪式所承担的核心价值感染。

(三)仪式本身要结构清晰,仪式程序设计合理。从整个过程来看,仪式需要起承转合,中间必须安排一些关键性的细节,尤其需要注意的是,在重要环节上安排一些特殊礼仪,用来引导人们的身心进入另一状态。按照法国人类学家范·哲乃普(Arnold vail Gennep)的“过渡礼仪”理论,任何仪式都可以分解出一个或多个三段式的结构,即“分隔(阈限前)礼仪—边缘(阈限)礼仪—聚合(阈限后)礼仪”。①

(四)仪式行为需要富有象征意义的细节,要调动在场所有人的情绪和参与积极性。对于绝大多数参加者来说,需要在仪式当中获得若干个行动的机会,同时,特别需要注意的是,工作人员的安排,在全场行动的时候,出现在适当的位置,或者以某一种方式参与其中,减少其对仪式完整性的破坏。比如升国旗仪式当中齐唱国歌,向国旗行注目礼,仪式结束齐唱校歌等等都可以承担这样的功能。

最终仪式需要体现核心价值观。符号意识形态无处不在,却又缺少核心价值观,是目前高校乃至更高层面的仪式的要害之处。“中国值得自豪的一天,但缺少意识形态的核心价值观”,这是美国最大的报纸《纽约时报》对中国国庆 60 周年庆祝活动的评价。《纽约时报》指出,繁荣只是一种状态,而并非价值。纽约时报指出,今天忠诚背后的推动力不是意识形态,而是政府让中国脱离贫困的能力。官方的社会主义意识形态和反对走资本主义道路的革命斗争理论,尽

---

① 参见张举文“过渡礼仪与信仰分析”,载王霄冰主编《仪式与信仰——当代文化人类学新视野》,民族出版社 2008 年版,第 130—171 页。

管还在大学的课堂里讲授，但除了极小部分坚定的信徒之外，大多数人都认为这只是党的空洞乏味的宣传而已。所以，核心价值观的体现才是仪式教育最核心的内容。把这个问题很好地融合在意义赋予的环节，结合文化分析和合理的说服方式才能打通仪式教育这一理想的思想政治教育第二课堂的路径。

在说明了内容应当如何安排的过程以后，我们需要明确主题教育的实施形态，针对一个学校的不同人群，思想政治教育第二课堂是有不同的覆盖形式的，跟一般的课堂教育的必修课不同，甚至跟选修课不同，思想政治教育的实施形式也应为活动形式不同而有差别。

主题教育的人群覆盖形式可以认为是同心圆形态。由于主题教育本身的思想政治教育性浓厚，第二课堂的参与方式又是以自愿为主，所以，针对不同人群设计的主题教育具有明显的同心圆特点，即最直接的教育方式凝聚的是最核心的组织，比如针对学生党组织展开的各类学习活动是旗帜鲜明地提出理想信念要求，而针对表现良好的积极分子和优秀团员，则开展相对温和的主题教育活动，比如升旗仪式，最外围，则开展隐形特点比较明显的主题教育，力求覆盖到每一个学生，比如节日庆典等活动，让学生充分感受到国家的力量在不断壮大，作为一个中国人只有背靠国家才能够获得世界的认同。最后用一张图1来说明同心圆实施形态。

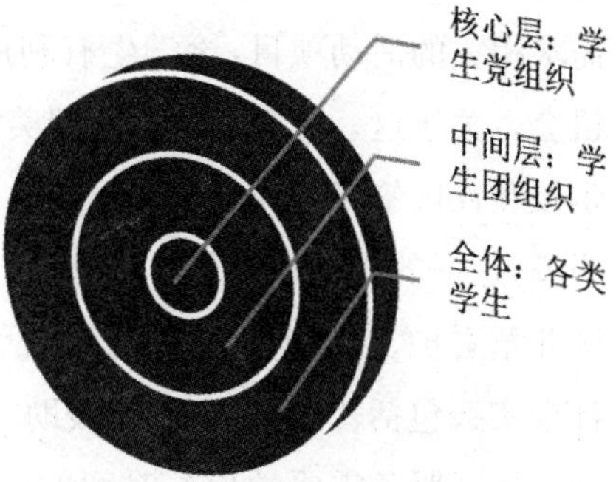

图1　主题教育实施情况示意图

二、社会实践的内容及实施

社会实践活动的内容选择主要针对“以爱国主义教育为重点，深入进行弘扬和培育民族精神教育”和“以大学生全面发展为目标，深入进行素质教育”确立其合法性，需要包含这样两个方面，针对物质文明建设的社会实践活动，其中按照地区的差别有城市建设和农村建设，针对精神文明建设的社会实践活动，这个里面分为国家、社会、个人三个层次。

社会实践采取的顺序是部分—整体序列，这个方式又称为“简单—复杂模式”，按照这种方式来组织内容，就是按照先易后难、由浅入深的方法组织。这种方法的基本假设是学生只有掌握前面的内容才能够进行后续学习。从认识世界到改造世界是一个循序渐进的过程，让学生在一个渐进的过程中了解国情现状，他们才能够认识国家的前途命运，认识自己的社会责任。

社会实践的教学计划是需要很好的设计的，总体来说应该根据占用时间的不同分步骤、分人群地设计相应的教学计划。社会实践应当比主题教育更加明确的一点是每一个学生都必须参加社会实践，达到一定的服务时间，相当于完成相应的学分，最终达到一个闭合的圆环，完成人的全面发展以及知识的融会贯通(见图 2)。

从社会实践发生的时间来看，一共应当设置三种社会实践，第一种是平常的社会实践，这需要在平时设计跟学校所在城市或者社区需求相关的活动项目，给学生有利用空余时间参与这种社会实践的机会。关于这一点完全可以参照美国、新加坡等地的社区服务计划，学校和社区签订相应的合作框架协议，让学生到社区中去，参与社区服务，这样的服务种类很多，不需要长期积累专业知识的服务包括社区儿童看护、社区老人陪伴、读书活动等等，需要一定的专业知识的社会实践包括普法宣传、法律援助、医疗咨询、环境知识宣传等等，这样的社区服务需要学生长时间的坚持，针对他们的耐心养成和奉献意识的培养有非常明显的效果，同时，这样的服务性内容还会促进他们自身的学习，针对问题的学习能够获得更好的效果，这个活动对学校的要求是，首先要确保社区的这些服务是公益性的，不是以某些机构盈利为目的而设置的项目，这样才能够保护学生参与的积极性。第二，确保在长期服务过程中，学生的安全没有隐患，比如不能够安排没有专业技能的学生进入传染病区域服务。第三，和社区达成一种机制，学生的服务时间和内容能够被如实地记录，学生能够获得客观的评价。除了社区长期的服务以外，针对平常的社会实践还需要设置另外两种类型，第一种是认识城市，第二种是服务城市。认识城市是了解国情的一个重要方面，除了知识上的学习，学生需要在实际的生活中看到、听到甚至闻到城市的味道。设计不同专业的学生针对城市的经济发展、城市建设、社区成长、文化活动等各个方面的调研研究，城市支柱产业的参观活动以及市民生活情况的综合性了解，都是平常的社会实践需要全面涉及的内容。服务城市是针对平时的社会实践提出的进一步的要求，除了了解城市本身以外，在城市重大的活动中，以社会实践的方式出一份力是非常需要的。这里同样可以用一个案例来说明。

2010年上海世博会可以说是中国发生的一件非常重要的事情，学生的参与方式是社会实践的一个重要的组成部分——志愿服务。这个志愿服务利用学生平常的时间，结合国家和城市重大节庆给所有参加志愿服务的学生上了一堂很好的思想政治教育课，学生的爱国热情、民族精神被全面激发，道德素养全面表现，以学生服务别人的形式达到了自我教育的效果。而2010年上海世博会志愿者服务计划可以说是有史以来设计得最为详尽的一个。为了能够使得将近八万的志愿者在183天的世博会期间提供不间断的服务，这次活动计划采用了两级管理纵横交错的设计形式，在总体设计上，由政府部门上海世博协调局出面，排摸情况，设计三类志愿服务类型，一类是长期服务的志愿者，这个跟学校的思想政治教育第二课堂关系不大，主要是协助上海世博协调局管理志愿者的在岗服务，第二类是覆盖整个世博会园区5.28平方公里的面积的志愿者，根据不同的时间段设定志愿服务岗位，确定岗位的具体位置。下面的表1可以相对清晰地看出上海世博协调局层面的志愿服务工作情况。①

① 表格内容来自作者在上海世博协调局志愿者部工作资料。

表 1 园区志愿者部试运营工作安排表

编 号			任务名称
		版本信息	工作周期 周一～周日
1	人力资源保障		
	1.1	借调各志愿者用人部门志愿者管理组组长	
		1.1.1	借调人员名单确认
	1.2	有关人员配置到岗	
		1.2.1	借调人员报到
		1.2.2	借调人员培训、配岗
		1.2.3	长期管理岗位志愿者到位
2	志愿者用房		
	2.1	落实志愿者后勤保障用房及设施设备	
		2.1.1	催促各用人部门腾房
		2.1.2	用房装修、设施配备
		2.1.3	交付使用
	2.2	落实志愿者中心用房	
		2.2.1	腾出 11 号楼及浦西志愿者中心用房
		2.2.2	用房装修、设施配备
		2.2.3	交付使用
3	志愿者证件		
	3.1	完成志愿者制证工作	
		3.1.1	将试运营期上岗志愿者名单提交至安保部
		3.1.2	背景审查、制证
	3.2	发放志愿者证件	
		3.2.1	志愿者来源单位领取证件
		3.2.2	各志愿者来源单位将证件下发至志愿者本人
4	志愿者服装		
	4.1	完成首批 15 000 套服装的生产与配送	

（续表）

编　号			任务名称	
			版本信息	工作周期 周一～周日
		4.1.1	志愿者服装生产	
		4.1.2	志愿者服装配送	
	4.2	发放志愿者服装		
		4.2.1	志愿者来源单位领取服装	
		4.2.2	各志愿者来源单位将服装下发至志愿者本人	
5	志愿者交通			
	5.1	制订试运营期志愿者交通班车运行方案		
	5.2	以岗位划分各车乘坐人员		
	5.3	确定车长并培训		
	5.4	确定车辆、路线及运营时间		
6	志愿者保险			
	6.1	制订试运营期志愿者保险方案		
	6.2	完成试运营期志愿者投保工作		
7	配岗排班			
	7.1	动态调整与完善《园区志愿者需求计划》		
		7.1.1	完成各片区场馆志愿者岗位点分布计划	
		7.1.2	动态调整园区志愿者岗位与人数需求	
	7.2	完成试运营期志愿者配岗排班		
		7.2.1	完成长期管理岗位志愿者配岗排班	
		7.2.2	完成特殊岗位志愿者配岗排班	
		7.2.3	完成预展期志愿者配岗排班	
	7.3	完成通知确认工作		
		7.3.1	完成长期管理岗位志愿者通知确认	
		7.3.2	完成特殊岗位志愿者通知确认	
		7.3.3	完成预展期志愿者通知确认	

（续表）

编　号			任务名称
		版本信息	工作周期 周一～周日
8	志愿者岗位职责和行为规范		
	8.1	明确志愿者通用职责和岗位职责	
		8.1.1	细化与确定志愿者通用职责
		8.1.2	细化与确定志愿者岗位职责
	8.2	明确志愿者行为规范	
		8.2.1	细化与确定志愿者行为规范
	8.3	编制志愿者工作口袋指南	
		8.3.1	完成志愿者口袋指南初稿
		8.3.2	修改完善并定稿
	8.4	确定志愿者上岗宣誓承诺内容和仪式程序	
		8.4.1	完成志愿者上岗宣誓仪式方案
		8.4.2	报局领导审定
9	确定志愿者组织工作体系和应急指挥机制		
	9.1	确定试运营期组织工作体系	
		9.1.1	与各部门进行书面沟通
		9.1.2	走访各部门确认
	9.2	确定应急情况及指挥机制	
		9.2.1	细化志愿者应急情况与处置办法
		9.2.2	模拟演练
	9.3	完善园区志愿者管理办法	
		9.3.1	修改完善园区志愿者管理办法
		9.3.2	报局领导审定
10	培训		
	10.1	部门桌面测试	
		10.1.1	确定桌面测试试题与试卷
		10.1.2	实施桌面测试
	10.2	模拟演练	
		10.2.1	配合各部门进行模拟演练
		10.2.2	园区志愿者部模拟演练

（续表）

编　号			任务名称
		版本信息	工作周期 周一～周日
	10.3	组织完成集中面授专项课程	
		10.3.1	各工作站完成专项培训
		10.3.2	志愿者完成网上测试
	10.4	组织完成岗位培训	
		10.4.1	确定各部门岗位培训方案
		10.4.2	组织实施志愿者岗位培训
		10.4.3	组织志愿者入园参观体验培训
11	志愿者注册报到与上岗前准备		
	11.1	志愿者注册报到	
		11.1.1	通知志愿者报到时间与地点
		11.1.2	配送各工作站服装、证件等物品
		11.1.3	志愿者完成报到，领取物品
	11.2	志愿者上岗前准备	
		11.2.1	确认各部门后勤保障就绪
		11.2.2	确认志愿者考勤机等设备到位
12	志愿者信息管理系统		
	12.1	完成配岗排班系统	
		12.1.1	完善配岗、排班系统功能
		12.1.2	测试配岗、排班系统功能
		12.1.3	配岗、排班系统试运行
	12.2	完成考勤、考核等上岗管理模块	
		12.2.1	完善考勤、考核等上岗管理模块功能
		12.2.2	测试考勤、考核等上岗管理模块功能
		12.2.3	考勤、考核等上岗管理模块功能试运行

（续表）

编号			任务名称
		版本信息	工作周期 周一～周日
13	志愿者宣传		
	13.1	志愿者宣传方案	
		13.1.1	宣传方案、新闻选题确定
	13.2	志愿者宣传报道	
		13.2.1	联系媒体宣传报道试运营期志愿者工作
	13.3	志愿者宣传队伍建设	
		13.3.1	宣传队伍组建
		13.3.2	宣传队伍培训
	13.4	志愿者文化产品	
		13.4.1	志愿者文化产品方案确定
		13.4.2	志愿者文化产品生产
		13.4.3	志愿者文化产品发放
	13.5	志愿者宣传工作反馈评估	
		13.5.1	制订宣传工作评估方案
		13.5.2	实施宣传工作评估工作
		13.5.3	反馈宣传工作评估结果
14	检验评估		
	14.1	设计评估问卷	
		14.1.1	志愿者工作质量评估
		14.1.2	志愿者工作体系评估
	14.2	分发问卷及巡检测评	
		14.2.1	分发问卷至志愿者用人部门及来源单位
		14.2.2	组成评估团队对志愿者表现进行巡检
		14.2.3	对志愿者服务进行满意度测评

（续表）

编　号			任务名称	
			版本信息	工作周期 周一～周日
	14.3	汇总分析评估问卷		
		14.3.1	分析评估问卷	
		14.3.2	分析巡检结果	
		14.3.3	分析满意度测评结果	

从表格当中我们看出世博协调局是站在要求志愿者提供良好服务的立场开展工作的，纵向地要求世博协调局的各个部门针对志愿者工作做好配套的安排。这成为整个工作的大前提，那么这既然是思想政治教育第二课堂，学校层面的工作是非常重要的，学校是一个横向的线索，必须在组织学生完成好整体的志愿服务的基础上，实施思想政治教育的内容。

一般来说，学校至少应当有三个方面的工作方案。第一个是志愿者岗位配置方案，应对志愿服务的岗位，一个轮次的世博园区志愿者至少有 2 235 人，把这些学生，按照园区志愿者的需求不多不少地分配到各个岗位，并且明确他们的具体工作时间和工作内容，同时对志愿者进行全面的志愿服务培训，让学生能够具备志愿服务的基本知识和技能。第二是志愿者的后勤保障方案，学校在教育学生的过程当中以学生为本，在大量组织学生参与社会服务的同时，学校在条件允许的情况下做好后勤保障工作，在工作中以情动人，让学生愿意接受教育。具体的世博会后勤保障方案包含了志愿者的用车方案、早餐或者夜宵方案①、志愿服务期间的慰问方案等等。第三个是志

① 世博会园区志愿者服务时间要求比较严格，一般每天分成 2 批，第一批早上 8 点入园，加上学校离世博园区路程和学生集合时间，一般学生需要在早上 6 点吃完早饭，一般学校食堂平时在 6 点钟不会大量提供早饭，所以需要学校做特别的准备，晚班的志愿者 10 点 30 分离开岗位，最晚回到学校在凌晨，一般学校浴室和食堂都已经结束服务，这个时间也同样需要学校做特殊的安排。

愿者精神宣传方案，这个环节是思想政治教育的重点环节，不但要向社会大力宣传志愿者工作、志愿者精神，更是挖掘学生服务案例，激发学生相互学习相互教育的重点环节，学校在这一个方案当中利用各种新颖的元素，激励学生，把学生在服务当中感受到的国家的进步、民族的自豪感充分地表达出来，在最基础的工作当中让学生体会到为国家服务的荣誉感和归属感。

把这三个方面的工作做好，学校将世博会志愿服务工作划归为思想政治教育第二课堂的工作就基本完成。这个案例告诉我们，在一般性的这种城市服务当中，学校必须和获得服务的政府部门密切合作，同时掌握好服务的程度，双方达成教育目标的一致，制定完备的活动计划，才能够获得良好的效果。

按照社会实践发生的时间来分，第二类是寒假社会实践。寒假的安排除了为避开最寒冷的季节，让学生免于在教室受冻以外，更重要的是按照中国的传统习俗，春节总是包含在寒假当中，学生们可以利用假期回家过年。安排这个时段的社会实践，学校应该做总体上的安排和考虑，出于节约经费的考虑，学校可以要求学生在寒假社会实践的地点选择上着重考虑学生自己的家乡，针对家乡的历史、现状和未来发展情况展开各式各样的社会实践活动。一般来说，一个普通的大学生高中毕业到异地求学的年龄是18岁左右，在这之前，虽然在自己的家乡生活了很久，但是更多是在家庭和学校这两个相对封闭的环境当中，一方面是很少接触家乡当地的社会环境，另一方面也相对缺乏全面认识社会的能力。所以，上了大学以后，在有了一定的认识社会的能力之后，寒假社会实践给了学生一个很好的认识家乡的平台，这样的社会实践能够为学生今后服务家乡、建设家乡预留下美好的愿望。但是，这就对学校提出了相对高的要求，学校负责社会实践的部门应当把在校学生按照家乡整合成不同的团队，同时对这些团队做深入了解，分析团队能力，为这些团队设置不同的实践目标，比如针对团队当中有学医的学生，就为其相应地设计一些当地医疗卫生状况调研、疾病控制情况调研、医患关系调研等各类适合医科背景的学生做的社会实践，让他们深入理解家乡有关他们自己所学专业的行业状况；针对历史系的学生，可以设计当地历史发展情况、当地名人成长轨迹、当地历史地理演变过程等等社会实践题目，不但发挥学生的专业优势，更加深学生对自己家乡的认识和感情；针对计算机专业的学生可以设计当地学校信息手段的运用情况、当地交通信息系统的使用状况、当地主导产业信息系统状况等等；更多的还可以设计出交叉学科的寒假社会实践课题供不同专业的团队使用。对于团队来讲，就必须根据这些主题，做好社会实践的行程安排，制定具体的调研提纲和实施方案，确保寒假社会实践能够相对紧凑地完成。

第三类是暑假社会实践，暑假相对来讲时间比较充裕，学校在设计暑期社会实践的时候就完全可以不拘泥于学生家乡来自哪里。可以选择不同的地区设置不同的团队，不同的目标和不同的形式展开。需要注意的一点是，正是由于暑期社会实践时间比较充裕，但是也要考虑到学生学习的整体时间是有限的，在安排学生团队的时候必须注意来自城市的学生安排到农村去，到基层去，让他们看一看中国的农村的真实面貌，同样，也要有意识地安排来自农村的学生去其他的城市参与社会实践，让他们理解和他们生长环境完全不同的中国的另一面是非常重要的一件事情。对于暑期社会实践来说，形式可以比平常社会实践和寒假社会实践更加丰富，不仅仅是安排各种各样的调研活动，还可以设计出直接参与当地建设的社会实践内容，例如，同样是学医的学生，在暑期社会实践当中就完全可以承担实践地点某个医院的导医工作，让学生们在实际的工作过程中完成对现实状况的理解，而不是通过询问别人获得一个刻板的印象。组织好学生团队以后，安排合适的指导老师是社会实践能否获得成功的一个关键。正如第四章提到的，只要政策保证除了辅导员和团干部以外，还能够有专业的老师参与到社会实践的指导工作当中来，学生就能够获得更好的指导，在社会实践当中获得更多的收获。

总体来说,社会实践是一个全面覆盖的循环组织方式,每一个学生都需要经历长才干、受锻炼、做贡献的不同阶段,所以,我们提供图2来更好地说明社会实践的实施方式。

图2 社会实践实施循环图

三、校园文化的内容及实施

校园文化作为思想政治教育第二课堂第三个重要的组成部分可以分成三个部分。第一个部分是校园物质环境,第二个部分是校园文化环境,第三个部分是校园社团活动。虽然有人会说校园社团活动是属于校园文化环境的内容,但是,由于现在社团活动日益繁荣,社团活动的影响已经不仅仅停留在校园文化的层面,所以在这里,我们把社团活动作为和校园文化环境并列的一个部分展开。

首先我们来看校园的物质环境作为思想政治教育第二课堂,其内容和实施如何展开。

前文说过,一个学校的建筑风格一方面能够表明学校的思维方式和风格,另一方面能够对学生起到潜移默化的教育作用,但是,一般情况下,建筑风格是很难改变的,有很多学校在建校之初就形成了时代特点鲜明的建筑风格,后期的建设为了不破坏学校原来的整体形象延续了以前的建筑样式,这很难根据思想政治教育的要求随意地改变整个学校的大的格局。

但是,能够对学生起到影响作用,并且在思想政治教育第二课堂范畴内可以做出改变的物质环境是有的,那就是学生宿舍。可以毫不夸张地说宿舍是大学生在大学期间度过的时间最长的地方,学生即使毕业很多年以后,回到学校最想再次进入的建筑一定包括他住过的宿舍。这就是住宿学院制产生的依据。传统的住宿学院是以英国牛津大学和剑桥大学的学院为模板的学生与老师的住宿集合体。

哈佛、耶鲁都是采用这种制度的典型学校，目前在西方的典型住宿学院里面，每一个学院的学生不分专业，住在同一栋宿舍楼。目的就是为了将不同特点的学生分配进不同住宿学院，以保证每个学院学生的多元化和不同学院间的平衡发展。学院里面除了宿舍以外还拥有图书馆、餐厅、教务长和院长的家、办公室。每个学院还拥有自己不同的设施。例如拥有各式器材的健身房，小型篮球场，娱乐室、咖啡吧等等。就目前中国的住宿学院发展来看，还远远没有达到国外一些成熟的住宿学院的水平，但是，宿舍和其内部的学生活动场所已经开始有类似住宿学院的尝试。在做宿舍硬件环境的时候，思想政治教育第二课堂老师必须认识到，这主要是提供学生交流，自我教育的场所，所以针对不同的宿舍的学生应当在满足其基本需求的同时，建立起个性化的硬件设施。例如小型读书室的建设就应当由所在学院的学生和老师共同设计相应的书单，形成学院自身的阅读特点。要在宿舍内提供充足的学生交流区域，并在学院的各个地方张贴学院独特的视觉系统，让学生对学院，对学校产生归属感，认同学校的身份，便于以学院为单位开展更丰富的活动。把住宿学院看成是基于宿舍这个特定的环境，由学生和教师共同构成的小型学习社区，其根本目的是以学生全面发展的成才需求为出发点的创新人才培养模式变革。

无论学校推行住宿学院与否，宿舍都应该成为学生多样化交流的空间，利用好宿舍硬件设施的建设能够让学生更有归属感地接受教育。

接下来我们来看校园文化环境应当包含哪些内容，同时以一种怎样的方式把思想政治教育工作做到每一个学生。

校园文化环境应当包括的是学校精神、校园文化活动和校园媒体形式。这三个方面都指向思想政治教育的“以基本道德规范为基础，深入进行公民道德教育”；“以大学生全面发展为目标，深入进行素质教育”两个方向，学校精神体现在其一般的校训、校歌和校史当中。这三个元素都包含这一座大学从建校之初不断发展的奋斗史，校训通常就是一句话，北京大学是“爱国进步民主科学 ”、清华大学是“自强不息，厚德载物 ”、浙江大学是“求是创新”、北京师大是“学为人师，行为世范”、复旦大学是“博学而笃志，切问而近思”。校训通常会刻在石头或者石碑上，被称作校训墙或者校训石，放在学生经常路过的地点，校训经常起到提醒学生治学态度的作用，而校歌往往包含着学校的历史，但是一首歌曲本身放在曲谱上是没有任何意义的，只有学校能够在重要的场合都播放校歌，每一个学生都能够完整地唱出校歌，校歌才能够渐渐地对学生产生精神上的影响。这种影响不仅仅是歌词当中包含的爱国荣校的精神，更在学生毕业多年以后，那段旋律一响起，就能够激发出学生对学校的感情，在思想政治教育的各种活动中运用好校歌元素能够起到事半功倍的效果。校史更是一个学校不断建设和发展的记录，“以史为鉴可以知兴替”，对一个国家如此，对一个学校亦如此，培养学生艰苦奋斗的精神，校史的作用不可替代。总体来说学校精神是培养一个学校的学生之所以为这个学校的学生的力量源泉，学生在一所大学找到自己的精神家园是树立正确的价值观、人生观、世界观必经之路。

校园文化活动更是能够全面培养学生素质，而校园文化活动本身的内容也非常丰富，要如何设计好校园文化活动的内容却是非常值得思想政治教育第二课堂重点考虑的问题。

校园文化活动从形式上分至少有哲学社会科学知识讲座、各种文艺活动和各种校园媒体三种。

作为思想政治教育第二课堂的哲学社会科学知识讲座整体上应该由学校的宣传部门负责，充分发挥其隐性教育的优势，哲学社会科学的知识往往是带有强烈的意识形态色彩的研究，但是他们总是以学术的面貌出现在大学的教室里面，不是专门研究这些学科的学生带着强烈的好奇心和求知欲在听取这些讲座时，这些讲座的内容往往能够非常深刻地影响到这些学生，所以在学校的整体范围里面，宣传部门就承担一项重要的职责，就是整体设计在一个学年度里面，应该结合哪些热点问题面向哪些人群邀请什么专家做讲座，让同学们从不同的角度理解马克思列宁主义、毛泽东思想、邓小平理论、“三个代表”重要思想、科学发展观和习近平新时代中国特色社会主义是如何在面对实际问题当中给出适合中国国情的答案。这类讲座应当形成体系，取代现在学校里面有人有兴趣办讲座就有讲座，能请到什么人来讲就什么人来讲的乱象，让学生能够在第二课堂当中自主地选择有兴趣的议题深入研究。

文艺活动除了能够丰富学生老师的课余生活以外，发挥其适当的思想政治教育功能是非常有必要的，在这一点上，中国整体都应该向美国学习，美国的国家意识的灌输让每一个人都从内心里认同自己的公民性。而中国目前的文艺活动还没有真正完全落实贯彻思想政治教育的要求，回归到大学校园的文艺活动，要完成这个任务，在内容上就必须有所设计。

举个例子，复旦大学学生话剧团曾经在 2001 年自编自导自演过一出话剧《托起明天的太阳》，讲述的是复旦大学研究生支教团去宁夏西吉支教，和那边的学生共同成长结下深厚友情的故事，这出话剧公映以后，在复旦大学校园引起强烈的反响，掀起积极报名参加为期一年的研究生支教团和为宁夏西吉学生募捐的两股热潮，在学生中间洋溢着一种热情——“用一年不长的时间做一件让自己终生难忘的事情”。这样的文艺活动对思想政治教育的放大效果是任何宣讲难以达到的，人们在感情表达最强烈的时候往往选择的是艺术形式，这就给了思想政治教育第二课堂一个很重要的事实，选择好文艺活动的形式，赋予它适当的内容就能够获得好的效果。

当然，校园文艺活动需要学校艺术教育部门和学生工作部门通力合作，由学生工作部门提供素材，提出目标，由艺术教育部门以合适的艺术形式来表现，把积极向上的内容用艺术的形式呈现给学生，使得学生在艺术享受的同时，接受思想政治教育。另外，群众性的文艺活动除了在气氛上是娱乐的以外，在内容上亦是向上的，艺术是情感的表达，具体的形式是不重要的，重要的是表达出怎样的思想。

传统的校园媒体在校园里的影响越来越弱，如何利用好新媒体的影响做好思想政治教育是学校接下来应当重点研究的问题，根据调查，学生利用社交网络的方式日趋多样，社交网络的社会化对学生产生了很大影响。

近一段时间以来，美国哈佛大学、耶鲁大学等一批国外知名高校开设的网络公开课受到网民追捧，并在大学生中产生一定影响。不少学生通过网易、新浪等网络平台收看这些课程，并通过人人网、新浪微博等渠道分享相关视频。为了深入了解和分析这一现象，2012 年 5 月，我们组织了专题调研。调研包括对青年学生进行抽样问卷调查（发放问卷 400 份，回收率 87.5％），对部分青年师生进行了个别访谈，并召开了座谈会。

调研显示，近九成受访学生知晓网络公开课，超六成受访学生曾经收看。调查中，表示“听说过国外名校开设网络公开课”（如哈佛大学的《幸福课》、“桑德尔教室”）的学生将近九成，其中一、二年级学生的比例为 89.8％，三、四年级学生的比例为 85.6％。表示自己曾经收看过网络公开课的学生超过六成，其中一、二年级比例为 62.7％，三、四年级比例为 61.6％。

学生不满足于体制内的新闻门户网站，还通过“翻墙”等方法，浏览大陆境内屏蔽的各类网站。

据中国互联网络信息中心（CNNIC）互联网发展研究部 2008 年发布的调查显示，95％以上的在校大学生都是网民。近年来，随着上网技术的日益成熟，在大学生网民中，通过“翻墙”获取网上信息、接触其他不同国家文化的学生人数不断增多。2012 年 6 月，我们组织了一次专题调研。调研小组采取一对一访谈和小组座谈的形式，历时近一个月，先后对随机抽取的 83 名复旦大学在校学生（男生 47 人，女生 36 人）进行了深度调查。

在受访的 83 名学生中，48 人有“翻墙”上网习惯，18 人表示曾经“翻墙”上网获取过信息，有过“翻墙”经历的学生人数占比为 79.52％。

新浪微博等自媒体已经成为学生日常生活的一部分。在大学校园这一特定环境中，学生已不再是单纯的信息接收者，而是进一步成为了信息的发布者、话题的开启者、消息的中转者、资讯的评论者或是行动的号召者。

2012 年 4 月，我们进行的有关学生新媒体使用情况的调研中，有超过半数的受访同学（51.5％）表示正在使用微博，其中有 35.4％的同学每天使用微博，有 68.7％的同学半年内开始使用微博。在微博上学生主要关注周边同学（52.1％）和社会名人（66.7％）。调查显示，微博在最近的半年内正迅速成为青年学生的热宠，学生通过微博浏览朋友状态，了解热点话题。同时校内重大学生活动（比如毕业季晚会）纷纷开始采取微博直播的方式，受到学生好评。

调研中，有一类网络主页引起了我们浓厚的兴趣，就是复旦各类学生组织的页面。事实上，包括校团委、学生会各部门、各院系团学联以及各类学生社团在内，全校大部分学生组织都有了自己的人人网主页或是新浪微博。学生组织建设网络平台正在从最初的流行走向普及。此外，一些基于共同旨趣的网上学习小组、讨论小组、学术沙龙等也在逐步兴起。前者是学生组织的网络平台，后者则是网络平台上的学生组织。

随着越来越多教师、辅导员开设微博、开设人人，在网上与同学交流、在网上开展工作，事实上已渐渐发展出了有关新媒体的一块工作领域，成为了学生工作体系不可或缺的一部分。这块领域需要对如何建构工作体系、健全规则制度、建立工作队伍等问题，都必须加以解答。可以说，这些问题很大，也很新，不仅应当立刻研究起来，也需要尽快实践起来。事实上，相信也只有通过实践，才能找到恰当的解答。

第三个部分是社团活动。其实社团活动是目前思想政治教育第二课堂的重要组成部分，社团活动和一般的第二课堂不同，它的组织形式是自下而上的，学生自发形成，经历了一个从小到大的过程，获得了自身的影响力以后，思想政治教育才开始介入。

针对社团的思想政治教育工作应当从以下几个方面着手：

首先为社团配备合适的指导老师，这项工作是当前社团发展当中的瓶颈问题，也是必须要解决的重点问题，社团虽然是学生自我教育的重要组织形式，但是，指导老师在关键点对社团方向的把握，对同学的成长有着不可估量的作用。

配备指导老师是学校管理社团的部门必须承担的一项工作，对于指导老师的认定有如下几个环节。首当其冲的是指导老师的政治可靠性，选择本校老师担任学生社团的指导老师在这个问题上不需要过多地忧虑，但是，一旦需要指定学校以外的老师来担任学生社团的指导老师就不得不对这个问题加以慎重考虑。在目前的国际形势日趋复杂的状态下，意识形态的斗争相当激烈，尤其是针对大学生的活动是敌对势力的重点工作，那么甄别出校外人员的真实身份，就需要学校的社团管理部门做好信息收集工作。接下来是专业能力认定问题，一般来说，讲授一门课的老师在被聘任之前都会有试讲和学术认定的过程，其实对于日趋专业化的社团，指导老师的专业要求更高，就好比一个运动队的教练一定在专业上能够指导队员的情况一样，社团的指导老师一定得在社团业务上能够指导学生。在社团形式多样、种类繁多的今天，这个要求变得比前一个要求更加难以达到，除了以学术兴趣为集合体的社团比较容易在学校寻找到专业方向相同的老师以外，其他以兴趣为结合点的社团都很难找到非常适合的指导老师，尤其现在的社会发展迅速，学生除了学校教育之外都接受了各类训练，很多学生本身在某些方面已经是非常专业的参与者，比如有的学生从 8 岁开始练习搭乐高积木，到 18 岁上大学，他已经整整练习了十年的搭乐高积木技术，从任何方面来讲，他都已经成为这项技能的专家，而在一般的大学也很少有老师长期从事这样的工作，为这样的学生组成的社团配备合适的指导老师就需要学校社团主管部门全面了解学校老师情况，发掘老师各方面的潜力。解决了上面两个问题，还有最后一个需要注意的问题就是，要求社团指导老师对社团工作的投入达到什么程度，认定多少工作量，配套合适的激励措施，出台合适的政策，让老师也愿意参与到这项工作中来。

其次把社团主要负责同学作为重要的学生骨干重点培养。现实告诉我们，一个社团的兴衰和它的社长能力密切相关，最典型的例子是复旦大学在2004年有一个学生热爱魔术，当他进入大学以后，发现学校没有这样的社团，他就召集同学成立了魔术协会，从大一下学期协会成立就开始担任社长，一直到他大学毕业，在这三年半的时间里面，他把魔术协会从一个新社团做成复旦大学最好的五星级社团，投入了大量的时间和精力，发展了很多会员并组织了很多的活动，也正是因为他的社长经历帮助他最终找到了一份他很满意的工作，而当他离开以后，魔术协会渐渐式微，到现在已经几乎消亡。针对社长这样的岗位，学校应当完善社团管理人才培养体系，锻造青年领袖人才，探索新时期社长队伍培养新模式，以此引导社团发展建设，弘扬正确的人生观、价值观。

培养社长完全可以设计一套适合社长发展的培训体系，将社长分类培训，给社长提供更多的机会，让他们在不同的平台上交流，为了更清晰地说明这个问题，我们将社长培训内容分类列成如下的表2。

表2　社长培养内容表

类别	课程名称	培养目标	课程介绍
第一类	全体社长大会	初步了解学校财务制度、场务制度、各项活动的答辩流程	每学年上半学期举办社长大会一次，进行相关的社团管理制度发布，为社长熟悉工作提供一个平台，对整个学期中社团工作的顺利开展和进行起到促进作用
	社长沙龙	熟练掌握各项社团管理制度、交流活动经验	每学期若干次，为社长提供跨类别交流的平台。为同类别社团提供专业化的交流平台
第二类	管理类讲堂	教授人力资源管理/组织行为学课程	向社团教授如何引导管理团队、培养人才的理论知识
	素质拓展训练	培养团队精神、合作意识	组织社长参加为期2—3天的社团交流素质拓展活动，为社团骨干提供交流的平台
	HR培训	分享人力资源管理经验	邀请知名企业HR来复旦分享他们的管理经验和选人技巧，帮助社团学习借鉴

（续表）

类别	课程名称	培养目标	课程介绍
第三类	外地考察走访	学习先进社团，搭建跨区域社团合作平台	组织社长进行全国范围内高校互访活动，与全国范围内优秀社团开展交流和考察
	校友会会长交流会	与校友沟通学习，搭建社团—校友企业合作平台	选拔社长参加定期举办校友会会长活动
	全国大型论坛	通过在全国范围内的交流沟通，与各地优秀社团资源互补，相互学习	如高校精英论坛、国际类交流峰会、全国理论学习论坛等

最后做好社团发展的管理和服务工作。学校提倡的是全面育人的理念，尤其是管理育人和服务育人更能够体现以学生为本的教育理念。在管理社团的过程中，帮助学生规避风险，保护好学生，制定一系列的社团活动管理条例。对于一个完整的社团管理体系来讲，学校社团管理部门应当详细出台社团管理相关制度，包括社团财务管理办法、社团指导教师管理办法、社团孵化办法、社团注册与换届制度、精品社团评比办法；社团活动相关规定，包括社团活动场地申请流程、校园横幅管理条例、投影仪租用申请流程、社团活动资金申报细则、社团活动答辩会评审细则、社团活动立项答辩评分参考细则、社团活动成果考核参考细则、社团活动登记条例；社团涉外活动有关规定，包括社团涉外活动管理办法、留学生参与社团办法；奖励与惩罚制度，包括社团活动监督投诉与表扬制度和社团警告与注销制度。完备的制度和活动保障让学生社团能够在思想政治教育第二课堂当中发挥出不可替代的作用。

图 3　校园文化的影响模式

经过上述分析，在校园文化的内容及实施部分也同样用一个图 3 来说明校园文化对学生的影响状况，校园物质环境、校园文化环境和社团活动形成一个整体对学生进行全方位的影响，是重叠性地针对每一个学生产生思想政治教育的功能。

结　语

经过前文的分析，我们认为虽然目前思想政治教育第二课堂建设还存在一系列的现实性问题，比如没有在教育的视野下从国家层面进行整体上完整的规划，其线管政策形态还没有呈现出合理的结构；思想政治教育第二课堂在组织形态上仍然需要不断完善，在形式和内容上缺乏科学的设计，以及在教师配备上急需扩充新鲜的力量。但是，我们也同样看到，思想政治教育第二课堂的存在是教育学发展的必然规律，也是心理学发展的必然规律，它依然是现实性的存在，今后必然会不断发展壮大。

思想政治教育第二课堂的建设将在今后一段时间成为思想政治教育本身的生长点，思想政治教育的第二课堂在总体架构的过程中，基础理论研究会越来越清晰地形成第二课堂自身的理念，指明其总体发展方向；思想政治教育第二课堂将拥有其自身的制度形态、政策措施形态和评估形态，同时思想政治教育第二课堂本身的活动内容和实现形式必然越来越丰富，在思想政治教育的领域里和课堂教育相互补充，相互促进。

参考文献

一、期刊论文

[1] 李菲.成就自主关怀生活意义的人——基于终极关怀的学校德育目的研究[J].教育学报,2006,2(6):85—90.

[2] 李太平.德育功能·德育价值·德育目的[J].湖北大学学报(哲学社会科学版),1999,6:89—92.

[3] 戴玉芳.德育目的刍论[J].九江师专学报(哲学社会科学版),1989,4:30—34.

[4] 许瑞芳.德育目的观的现代化转换[J].教学与管理,2005,10:38—39.

[5] 刘兴家.德育目的简论.东北师范大学学报(哲学社会科学版)[J],1995,2:88—92.

[6] 程建平.德育目的与德育目标论略[J].学校党建与思想教育,2001,10:27—29.

[7] 张澍军.德育目的与人生的全面发展观[J].学校党建与思想教育,2003,3:16—17.

[8] 张传忠.高校德育目的的层次性探讨[J].教书育人(高教论坛),2008,7:12—13.

[9] 张澍军,郭凤志.论人学视域的德育目的[J].社会科学战线,2004,5:172—177.

[10] 段展华,李艳辉.斯宾塞德育目的及其理论依据探析[J].现代教

育科学,2009,12:60—61.
[11] 林海亮,李雪.学校德育目的制定依据的思考[J].现代教育论丛,2010,3:27—30.
[12] 李治.中美德育目的形式内容的比较分析[J].桂林高等专科学校学报,2002,1:79—81.
[13] 赵庆光.中日不同的德育目的的思考——读王丽荣《当代中日道德教育比较研究》有感[J].语文学刊,2001,2:140—141.
[14] 隋宁,张澍军."思想政治教育先在结构"的概念提出和内涵阐释[J].思想教育研究,2011,10:3—7.
[15] 杨静林,王枫林.从美国小学课堂布置情况管窥美国教育理念[J].四川教育学院学报,2011,27:6—8.
[16] 阮云志."大众思想政治教育"概念提出与研究论纲[J].求实,2009,4:68—70.
[17] 何小勇.电影媒介中的思想政治教育——中美电影中的思想政治教育比较初探[J].理论月刊,2011,6:180—182.
[18] 许晓菁.论思想政治教育的"去符号化"——从"生活世界"的观点看思想政治教育[J].学术界,2009,3:188—193.
[19] 袁汪洋.论现代思想政治教育的文化价值及其实现路径[J].求实,2012,6:73—76.
[20] 赵捷.美国教育理念的考察与启示[J].福建农林大学学报(哲学社会科学版),2009,12(5):78—81.
[21] 李翠莲.美国教育理念对近代中国教学的影响——以南开经济研究所为研究个案[J].河北大学学报(哲学社会科学版),2004,5:47—49.
[22] 黄正泉,王健.人文关怀:思想政治教育之魂[J].现代大学教育,2007,3:57—62.
[23] 高烈明.儒家教育理念的现代价值探析[J].楚雄师范学院学报,2004,4:73—75.
[24] 戴有刚.数学课堂引入美国教育理念的思考[J].现代教育科学,

2011，6:124—126.

[25] 孙佩锋，尉天骄.思想政治教育的起源与发展——兼谈思想政治教育的本质[J].学术论坛，2011，34(10):26—29.

[26] 刘梅.思想政治教育的现代方式——论网络思想政治教育建设[J].河南师范大学学报(哲学社会科学版)，2000，2:103—106.

[27] 王东莉.思想政治教育人文关怀的内容体系建构[J].教学与研究，2005，2:85—90.

[28] 叶昌友，张量.思想政治教育社会化路径探析[J].社会科学家，2010，8:115—118.

[29] 王光，吴林龙.思想政治教育实效测评标准:一个亟待研究的问题[J].东北师范大学学报(哲学社会科学版)，2012，3:188—190.

[30] 张园园，卢黎歌.思想政治教育载体有效运用的理路研究[J].学术论坛，2012，35(1):42—45.

[31] 李合亮.现代思想政治教育新模式的建构[J].求实，2011，10:74—76.

[32] 黄菊，蓝江.作为意识形态国家机器的思想政治教育——一个思想政治教育元问题研究[J].武汉理工大学学报(社会科学版)，2009，22(1):91—95.

[33] 杨素苹.对柏拉图现代教育理念的反思[J].教书育人，2004，10:10—12.

[34] 张国骥.论美国的教育理念[J].求索，2005，3:103—105.

[35] 张国骥.美国教育理念之探析——赴美考察笔记[J].湖南师范大学教育科学学报，2005，3:57—62.

[36] 周珏，黄金珠."第二课堂"活动促进学生全面发展的实践探讨[J].湖北成人教育学院学报，2008，3:42—43.

[37] 马丽莉，靳磊.高校图书馆——大学生思想政治教育的第二课堂[J].华北煤炭医学院学报，2008，2:288—289.

[38] 张富良，唐智霞.高校德育的"第二课堂"——试析大学生社团的德育载体功能[J].辽宁教育研究，2002，7:75—76.

[39] 陶景霞,罗咸辉,唐高华.发挥第二课堂作用推进大学生思想政治教育[J].中国校外教育(理论),2008,8:171—172.

[40] 李新,勾志骞.发挥第二课堂优势推进大学生创业实践教育新发展[J].长春工业大学学报(高教研究版),2004,2:55—56.

[41] 徐俊才,杨胜勇,熊海林.发挥第二课堂功效,促进大学生全面成长成才[J].中国科教创新导刊,2008,10:137—138.

[42] 党刘拴,张云云,陈俊.发挥"第二课堂"的作用加强大学生思想政治教育[J].石油教育,2005,6:79—82.

[43] 王会玲.对开展大学生思想政治教育课第二课堂的探讨[J].教师,2010,17:102.

[44] 黄培清.第二课堂视角下的大学生思想政治教育模式探析[J].兰州教育学院学报,2011,27(01):102—104.

[45] 梁景清,陈辉,蒙裕兴.第二课堂教育的方法探析[J].广东工业大学学报(社会科学版),2004,6:229—230.

[46] 王莫离.第二课堂、潜课程之比较视角下的高校信息服务功能研究[J].黑龙江高教研究,2008,12:130—132.

[47] 李华,张旭东.大学生第二课堂素质教育体系的理论与实践探索[J].重庆大学学报(社会科学版),2001,5:98—99.

[48] 陈范武.充分发挥独立学院第二课堂作用,有效开展大学生思想政治教育工作[J].长春理工大学学报(高教版),2010,5(1):82—83.

[49] 李华,张旭东.充分发挥第二课堂作用拓展大学生素质教育渠道[J].高等理科教育,2004,3:122—125.

[50] 李艳霞.充分发挥第二课堂在高职学生思想政治教育中的主阵地作用[J].辽宁经济职业技术学院.辽宁经济管理干部学院学报,2009,3:50—51.

[51] 刘晓君.关于思想政治理论课第二课堂的价值审视[J].合肥工业大学学报(社会科学版),2007,3:23—27.

[52] 魏志渊,楼程富,毛一平.高校第二课堂活动设计与探索[J].高

等理科教育,2005, 4:73—75.

[53] 吴冬梅,车照启.重视和加强“第二课堂”对大学生思想政治教育的作用[J].安徽农业大学学报(社会科学版),2002, 6:78—79.

[54] 何军.优化高校第二课堂推进当代中国马克思主义大众化[J].思想教育研究,2010, 12:31—33.

[55] 邵泽义,陈彪等.新形势下再讨论大学生思想政治教育“第二课堂”建设[J].理论观察,2008, 6:92—95.

[56] 严毛新.我国高校第二课堂活动的现状及对策[J].浙江工商大学学报,2006, 1:81—85.

[57] 刘青,傅剑.完善教学研究型大学第二课堂的思考[J].消费导刊,2008, 21:157—158.

[58] 洪波,杨岳.拓展创新素质培养的空间——学生第二课堂创新素质培养的认识与实践[J].清华大学学报(哲学社会科学版),2001, 16(1):25—29.

[59] 赵阳.图书馆——高校大学生思想政治教育的第二课堂[J].思想政治教育研究,2004, 5:12—13.

[60] 毛克明.思想政治理论课第二课堂教学的意义和内容[J].重庆工学院学报(社会科学),2008, 7:185—188.

[61] 殷梅霞.思想政治理论教育第二课堂的教学方法[J].重庆工学院学报(社会科学),2008, 7:189—191.

[62] 蒋志永.浅析高校第二课堂的育人功能及其管理[J].教育与职业,23:62—63.

[63] 张凤翠.浅析第二课堂的德育功效[J].长春工业大学学报(高教研究版),2006, 2:113—114.

[64] 陈再生.论高校思想政治理论课向第二课堂教学的延伸[J].思想教育研究,2007, 12:54—56.

[65] 况花荣,刘波兰.开展高校第二课堂提高学生综合素质[J].科技信息,2010, 21:748—749.

[66] 李志兴.开辟第二课堂推进职院思想政治教育[J].经营管理者,

2009，14:307.
[67] 刘大允.基于优化第二课堂活动设计的大学生思想政治教育新模式探析[J].中国高教研究,2007，3:84—85.
[68] 蒋惠琴,欧万彬.基于第二课堂的大学生思想政治教育模式研究[J].消费导刊,2009，13:160.
[69] 胡金秋,杨铭等.换位学习法在形态学第二课堂中的实践[J].长春医学,2010，3:44—45.
[70] 高蓉."隐性课程"在学生思想道德素质教育中的作用[J].首都师范大学学报(社会科学版),2002 增刊:72—74.
[71] 李复新. 20 世纪隐蔽课程研究的历史回顾与评析(上)[J].课程·教材·教法,1998，10:56—60.
[72] 李复新. 20 世纪隐蔽课程研究的历史回顾与评析(下)[J].课程·教材·教法,1998，12:53--56.
[73] 张竹莉. 2010 年英国开放大学的现状及启示[J].飞天,2011，8:97—98.
[74] 金镝.不同的教育理念导致不同的教育结果——中乌两国高等教育之比较[J].浙江旅游职业学院学报,2006，2:64—67.
[75] 薛红亮.大学生人格养成的隐形教育[J].现代教育论丛,2012，2:86—88.
[76] 莫丽琴,齐俊斌.大学生思想政治教育中的隐形教育[J].教育与职业,32:73—74.
[77] 王丰昌.大学生思想政治教育中的隐性教育方法及其创新[J].宜春学院学报,2011，33(7):160—162.
[78] 姜志远,孙磊.大学生思想政治教育中隐性教育资源的运用[J].泰山学院学报,2010，32(1):135—139.
[79] 王海燕.大学校园环境的隐性教育功能[J].沈阳教育学院学报,2010，12(2):23—25.
[80] 陈载阳.当代大学生德育教育中的隐性教育[J].天津市经理学院学报,2010，6:34—35.

[81] 叶华光.德育视域下隐性教育的情境创设研究[J].教育与教学研究,2011,25(10):108—112.
[82] 秦勇,翟奕轩.对普通高校两种不同体育教学形式的调查分析[J].体育学刊,2002,5:83—84.
[83] 康晓玉.发达国家家庭教育理念[J].中国西部,2011,20:62—63.
[84] 汪欢.高校思想政治教育中的隐性教育初探[J].新西部(下旬.理论版),2011,8:181—182.
[85] 肖岁利.高校思想政治教育中隐性教育资源利用策略[J].商洛学院学报,2011,25(5):74—79.
[86] 赵婷婷,林丽丽.构建显性教育与隐性教育相结合的马克思主义大众化途径[J].学理论,2011,18:287—288.
[87] 邓道宣,罗明礼.国内外隐性课程研究述论[J].成都教育学院,2005,12:104—107.
[88] 梁新潮,刘丹.国外社区教育的时间及启示[J].福建论坛·人文社会科学版,2008,4:131—134.
[89] 郝美英,桂雪梅.国外社区教育理念及其对我国的启示[J].继续教育研究,2010,10:99—100.
[90] 武鹏,魏强.韩国高等教育发展的现状与问题[J].继续教育,2010,24(4):58—60.
[91] 章皓,徐志玲等.基于CDIO教育理念的工程教育教学改革试验[J].技术监督教育学刊,2011,1:14—18.
[92] 顾玮倩.加拿大教育理念对艺术中职校语文课堂教学的启示[J].剧影月报,2011,5:81—82.
[93] 李君.加强隐性教育,提高思想政治教育实效性[J].科教导刊(上旬刊),2010,3:103—104.
[94] 宋萍,符明弘.家庭教育中的隐性教育因素[J].科技创新导报,2010,26:170.
[95] 贺丽敏,陈菲等.教育理念改革探究[J].教研文汇(中旬刊),2011,9:29.

[96] 何玉青,曹峰梅.借鉴美国教学模式改进专业课程教学的探讨[A].2006—2010年教育部高等学校光电信息科学与工程专业教学指导分委员会及协作委员会2009年全体会议论文集[C].《光学技术》编辑部,2009:77—78.
[97] 两种不同的方向——日美高中教育比较[J].青年教师,2006,10:59—61.
[98] 王春霞.论高校学生与思想政治教育中显性教育与隐性教育的整合[J].延边党校学报,2011, 26(1):108—110.
[99] 范君.论思想政治教育中的隐形教育[J].衡水学院学报,2009,11(6):107—109.
[100] 程耿.论隐性教育在大学生思想政治教育中的实现途径[J].高等函授学报(哲学社会科学版),2009, 22(11):47—49.
[101] 林岩松.论隐性教育在德育课中的功能[J].辽宁行政学院学报,2008, 9:160—161.
[102] 李游.论隐性教育在高校马克思主义大众化中的运用[J].西北工业大学学报(社会科学版),2011, 31(1):80—84.
[103] 钱茜露.论英美高等教育体系的差异——以布达佩斯经济大学和牛津布鲁斯商学院为例[J].浙江旅游职业学院学报,2007,2:74—78.
[104] 唐喜芬.略论高校校园文化的隐形教育功能[J].江苏教育学院学报(社会科学),2010, 26(11):33—35.
[105] 陈洪涛.美国的爱国主义教育及其经验借鉴[J].全球教育展望,2004, 33(8):28—30.
[106] 郭际,吴先华.美国高等教育对中国大学生能力培养的启示[J].文教资料,2008, 6:91—93.
[107] 李素梅.美国高校思想政治教育方法微探[J].长春教育学院学报,2008, 1:53—55.
[108] 张光辉,吴伟.美国和北欧社区教育价值取向及其对我国的启示[J].职业教育研究,2006, 3:13—14.

[109] 郭守艳.美国品格教育的爱国主义内容及其启示[J].学理论,2011,30:156—157.
[110] 周琼.美国社区教育的发展及其运行机制的分析[J].世界教育信息,2007,9:16—20.
[111] 万秀兰.美国社区学院的课程职能体系[J].高等教育研究,2003,4:103—107.
[112] 郭小香.美国隐性教育的实施路径及其启示[J].思想理论教育,2011,2:28—32.
[113] 孙凌波.美军院校的隐性教育及其启示[J].世界教育研究,2007,1:61—63.
[114] 郭晨璐.浅谈"隐性教育"视角下的校园文化塑造[J].学理论,2011,10:88—89.
[115] 朱姝颖.浅谈法国高等教育中体现的人本主义教育特点[A].重庆市旅游局.《环球人文地理·理论版》2011.8下[C].重庆市旅游局:重庆唐族文化传媒有限公司,2010:4.
[116] 李鸿昌.浅谈高校德育的隐性教育理念与课程体系建设[J].才智,2011,5:258.
[117] 李思静.浅谈中美教育理念的差异[J].湖北水利水电职业技术学院学报,2008,4:42—44.
[118] 李延青,李志强.浅析高校思想政治教育中的隐性教育及其思考[J].辽宁行政学院学报,2008,9:172—173.
[119] 于伟民.浅析美国教育督导制度的历史[J].华章,2011,22:138.
[120] 伍晓霞.浅析美国生命教育对我国思想政治教育的启示[J].中国报业,2011,6:46—47.
[121] 陈静.强化思想政治教育中的"隐性教育"[J].科教文汇(中旬刊),2010,12:9—10.
[122] 王芳.全纳教育理念下喜爱教师专业发展方向[J].中国科教创新导刊,2011,29:3.
[123] 韩莉,王健.人才培养与隐性教育资源的研究[J].湖北经济学

院学报(人文社会科学版),2011,8(3):57—58.
[124] 陈爱香.日本社区教育设施分析[J].成人教育,2006,8:93—94.
[125] 邢媛,张福兰等.瑞士高等教育管理体制改革及思考[J].外国教育研究,2008,4:61—65.
[126] 王润东.生命教育观在高校德育中的实施策略[J].教育与职业,2011,8:56—57.
[127] 向莉.试论高校德育工作中隐性教育途径的创新[J].中国高新技术企业,2007,8:238—239.
[128] 高碧云,李清华.陶行知人本化教育理念探究[J].福建陶研,2011,3:18—24.
[129] 赵宏波.挖掘隐性教育资源对学生进行德育的尝试和思考[J].陕西教育(教学),2010,6:61.
[130] 吕赟.我们需要什么样的教育理念?[J].陕西教育(教学版),2011,10:1.
[131] 邹诗玥.香港高校精英教育的理念及其成果[J].东南大学学报(哲学社会科学版),2011,13(6):113—117.
[132] 段鹏飞.新时期思想政治教育中隐性教育的必要性及其实现途径[J].思想政治教育研究,2009,25(2):51—54.
[133] 张瑞.学生社团在高校隐性教育中的载体功能分析[J].陕西教育(高教版),2010,1—2:6—7.
[134] 何若全.以人为本:科学发展观指导下的高等教育理念[J].苏州科技学院学报(社会科学版),2006,4:119—122.
[135] 郑金洲.隐蔽课程:一些理论上的思考[J].外国教育动态,1989,1:46—51.
[136] 董淑平.隐性教育:高校以人为本的德育模式[J].安徽理工大学学报(社会科学版).2010,12(2):13—16.
[137] 田洪芳.英国高等教育制度研究综述[J].文教资料,2008,34:72—74.
[138] 韩懿.中国古代教育理念对中职班主任教育工作的启发[J].时

代教育(教育教学),2011，11:168.
[139] 吴洪富.中国近现代高等教育理念的演进——一项知识社会学的考察[J].黑龙江高教研究,2011，3:21—25.
[140] 康宏旭.中美思想政治教育隐性教育方法之比较[J].江西广播电视大学学报,2010，48(4):10—12.
[141] 李兵.中英开放教育理念的再比较[J].广西广播电视大学学报,2011，22(3):24—28.
[142] 梁伟.重视隐性课程提高德育实效[J].湖南教育,2005，16:34—35.
[143] 杜婷婷,宋敏.转变教育理念,应在良好环境——进一步加强当代大学生思想政治教育举措[J].青春岁月,2011，24:112—113.
[144] 贺武华."第三条道路"框架下的布莱尔政府教育政策回顾[J].井冈山大学学报(社会科学版),2010，31(2):81—86.
[145] 易红郡."第三条道路"与当前英国教育改革[J].外国教育研究,2003，4:1—5.
[146] 孔杰.16 至 18 世纪中期的英国教育[J].开封教育学院学报,2008，1:80—82.
[147] 方娟. 19 世纪英国教育相对落后原因初探及对我国教育的启示[J].大众商务,2010，8:191—192.
[148] 王璐,周伟涛,曲玲. 20 世纪 90 年代以来英国中等教育改革探析[J].比较教育研究,2010，32(7):31—35.
[149] 鄢秀锦.从课堂教学方法看英国教育现状[J].广东教育(综合版),2010，2:66—67.
[150] 杨晓兰.从生活的细节看英国的教育[J].广东教育(综合版),2008，6:66—67.
[151] 陈志全,李跃进.从英国教育现代化的历程看教育的传统与变革[J].宿州学院学报,2006，2:21—23.
[152] 张臻卓.访英归来思变革——英国教育带给我们的启示[J].青海教育,2011，1—2:25—26.

[153] 林广艳.赴英培训体会[J].计算机教育,2004, 6:48—50.
[154] 休·安德森,高强.教育革命带来的英国教育建筑设计转变[J].建筑学报,2011, 6:105—109.
[155] 麦青.借鉴英国的教育理念实践化学课堂教学[J].科教文汇(下旬刊),2011, 1:103—104.
[156] 易红郡.经验主义传统对英国教育的影响[J].贵州师范大学学报(社会科学版),2009, 3:106—109.
[157] 黄进添.每个孩子都重要——感受以生为本的英国教育[J].现代教育论丛,2007, 2:87—90.
[158] 纪世铭.浅谈对英国教育理念的认识[J].北京教育(普教版),2011, 10:50—51.
[159] 宁波市赴芬兰、英国教育考察团.让教育点燃未来——考察芬兰、英国教育的收获与启示[J].宁波通讯,2011, 12:26—28.
[160] 杨刚.融合英国教育理念促进学校持续发展[J].北京教育(普教版),2007, 7—8:58.
[161] 张颖.如何授人以渔——英国教育有感[J].新东方英语(大学版),2011, 2:64—65.
[162] 陈秋兰.托马斯·阿诺德对英国教育发展的贡献和论争述评[J].遵义师范学院学报,2006, 1:52—54.
[163] 李炳训.以学生为中心——英国教育理念对我国设计艺术教育的启示[J].北方美术,2007, 1:68—69.
[164] 周富强.英国"教育博士"培养的实践、问题与挑战[J].中国高教研究,2006, 6:14—17.
[165] 许恺盈.英国教育白皮书的新内容[J].广东教育(综合版),2011, 1:59.
[166] 饶宗满.英国教育博士研究生的培养及其特征——以伦敦大学教育研究院和格拉斯哥大学为中心[J].外国教育研究,2010, 37(11):16—22.
[167] 刘卓煊.英国教育的近代化及其对现代化的影响[J].中共郑州

市委党校学报,2008, 6:207—208.
[168] 李茂林.英国教育的优势与不足——来自 OECD 最新教育状况大普查的数据分析[J].世界教育信息,2007, 12:28—29.
[169] 徐晶晶,李立基.英国教育督导:强调自评和自我发展——玛瑞恩·布鲁克斯谈督导的过程社会化[J].上海教育,2008, 13:18—19.
[170] 刘永和.英国教育督导的再认和启示[J].教育测量与评价(理论版),2009, 3:53—56.
[171] 巩婷,吴钢.英国教育督导机构的历史演变及对我国的启示[J].教育测量与评价(理论版),2011, 2:39—42.
[172] 孙河川,刘颖等.英国教育督导评价指标体系解析[J].教育发展研究,2009, 28(12):21—25.
[173] 孙元政.英国职业教育的精华与借鉴——赴英培训研修报告[J].辽宁高职学报,2011, 13(7):1—4.
[174] 朱文华.走进英国教育[J].世界教育信息,2010, 3:85—86.
[175] 黄润才.第三课堂建设是提高大学生应用能力的关键因素[A].全国高等院校计算机基础教育研究会 2006 年会论文集[C].659—664.
[176] 黄建军.高校思想政治教育课程评价的目标对照方法[J].思想教育研究,2008, 1:69—72.
[177] 黄建军.高校思想政治教育课程评价的实践评估方法初探[J].学校党建与思想教育,2007, 1:25—26.
[178] 骆郁廷,黄建军.高校思想政治教育课程评价的实验评估方法初探[J].学校党建与思想教育(上半月),2008,7:9—11.
[179] 蔡晓良.高校思想政治理论课程评价的历史演进及其启示[J].学校党建与思想教育,2007, 7:24—27.
[180] 全立新.基于模糊数学的高职通识教育课程评价建模[J].继续教育研究,2008, 10:96—97.
[181] 佘双好.现代德育课程评价探析[J].学校党建与思想教育,

2004，2:13—18.
[182] 薛源.以学生为主体的课程评价何以可能及如何可能[J].全球教育展望，2003，32(11):38—41.
[183] 吴捷.试论德育过程的特点及其优化[J].徐州教育学院学报，2003，3:10—12.
[184] 金赶年.试论德育过程[J].西南师范大学学报(人文社会科学版)，1993，1:58—63.
[185] 吴秋芬.关于德育方法的若干思考——谈谈灌输和对个体自我教育的指导[J].淮北煤师院学报(社会科学版)，1993，4:44—49.
[186] 陈佑清.德育过程新探[J].江西教育科研，1992，3:9—12.
[187] 邵从清.德育过程探讨[J].盐城师专学报(哲学社会科学版)，1993，3:100—102.
[188] 杜美华.德育过程的客观规律之我见[J].徐州师范大学学报(哲学社会科学版)，1998，1:156—157.
[189] 张汉芳.《中国德育思想史》简评[J].教育评论，1993，4:78.
[190] 许瑞芳.公民服务:美国公民教育的基本策略[J].思想理论教育，2010，17:34—39.
[191] 高峰.美国公民教育的基本内涵[J].比较教育研究，2005，5:55—60.
[192] 马天平.美国公民教育的内涵、特点及其启示[J].新西部(下旬.理论版)，2011，11:195—196.
[193] 朱凌云.美国公民教育的实践模式及其对我国公民教育的启示——以美国公民教育中心"公民养成"项目为例[J].教育科学研究，2011，11:71—75.
[194] 张鸿燕，杜红琴.美国公民教育的特点及其发展趋势[J].首都师范大学学报(社会科学版)，2007，1:46—49.
[195] 陈正桂.美国公民教育的特征及对我国思想政治教育的启示[J].思想政治教育研究，2010，26(3):131—134.

[196] 熊伟.美国公民教育的现代性解析及启示[J].黑龙江高教研究,2007, 9:44—46.
[197] 李宇杰.美国公民教育对于我国思想政治教育的启示[J].佳木斯教育学院学报,2012, 5:37—38.
[198] 陈晓芬,高峰.美国公民教育方法对我国思政教育的启示[J].重庆文理学院学报(社会科学版),2012, 31(3):101—105.
[199] 于希勇.美国公民教育社群参与评介[J].上海教育科研,2011, 11:60—62.
[200] 陈淑英.美国公民教育政治功能的强化及对我国的启示[J].学校党建与思想教育,2009, 34:84—86.
[201] 武青青,张雪蓉.美国大学生公民教育的经验与启示[J].南京邮电大学学报(社会科学版),2012, 14(2):111—115.
[202] 石海双.美国公民教育中隐性教育对我国隐性教育的启示[J].华人时刊旬刊,2011, 12:95.
[203] 陈正桂,玛格丽特·史密斯·克罗科.美国化:19 世纪末 20 世纪初美国公民教育的重要任务[J].湖北社会科学,2010, 6:175—177.
[204] 袁长青.美国现代公民教育的核心理念与方法[J].高校教育管理,2010, 4(1):28—32.
[205] 陈荟芳.浅谈美国公民教育对我国思想政治教育的启示[J].前沿,2007, 4:84—86.
[206] 王平日,张燕洁.浅析美国公民教育对我国高校思想政治教育的启示[J].剑南文学:经典阅读,2011, 12:219—220.
[207] 孔锴,孙启林.试析美国公民教育的基本理念——以建国至内战时期为中心[J].河北师范大学学报(教育科学版),2008, 7:58—62.
[208] 于希勇,沈晓敏.在学会妥协中实现和谐——来自美国公民教育的启示[J].上海教育科研,2008, 4:71—72.
[209] 刘玄.中美公民教育比较与启示[J].新西部(下旬.理论版),2011,

7:248—250.

[210] 刘永鹏."人的全面发展"释义及实现途径[J].人民论坛,2010,17:254—255.

[211] 邓晓春.关于人的全面发展问题的几点[J].理论导刊,2010,11:88—90.

[212] 王昭,张俊.基于人的全面发展理论的高校学生党建工作长效机制构建[J].学校党建与思想教育,2011,8:30—32.

[213] 王虎学.论"人的全面发展"的现实条件[J].福建论坛(人文社会科学版),2012,4:82—88.

[214] 胡飒.论马克思关于人的全面发展理论的基本内涵[J].湖南科技大学学报(社会科学版),2011,14(1):27—30.

[215] 李金和.论马克思人的"三重本性"与人的全面发展[J].学术论坛,2011,34(1):1—5.

[216] 张秋艳.论马克思人的全面发展理论对当代大学生成才的价值引领[J].学校党建与思想教育,2012,21:13—15.

[217] 吕金明.论社会主义初期阶段人的全面发展[J].山西财经大学学报,2012,34:38.

[218] 宁德鹏.马克思恩格斯人的全面发展思想[J].广西社会科学,2012,12:52—55.

[219] 杨露.马克思关于人的全面发展理论对高校思想政治教育的价值引领[J].学校党建与思想教育,2011,25:48—49.

[220] 曹百瑛.马克思人的本质及人的全面发展理论再省思[J].理论探讨,2012,5:171—173.

[221] 樊金玲,郭树航.马克思主义关于人的全面发展理论与大学生的成长[J].中国报业,2011,6:38—39.

[222] 张海国.马克思主义关于人的全面发展理论与大学生思想政治教育[J].学校党建与思想教育,2012,1:55—57.

[223] 龙钰.马克思主义的全面发展理论对思想政治教育的启示[J].学校党建与思想教育,2013,3:13—16.

[224] 孙云霞.浅议马克思关于人的全面发展理论[J].思想政治教育研究,2006, 5:38—39.

[225] 胡文明.人的全面发展:思想政治教育的时代主题[J].求实,2003, 7:56—58.

[226] 梁家峰,戚家勇.人的全面发展理论视域内的高校辅导员工作[J].思想教育研究,2010, 2:69—72.

[227] 周颖,武慧硕等.人的全面发展评价模型及实证分析[J].中国人口·资源与环境,2011, 21(3)专刊:381—384.

[228] 亢安毅.人的全面发展问题的研究综述[J].求实,2003, 6:20—24.

[229] 冀德荣,刘迎.国外传统道德教育发展趋势对我国高校道德教育改革的启示[J].唐都学刊,2008, 2:31—34.

[230] 徐志芳.韩国、日本和新加坡青少年学公民道德教育比较研究综述[A].北京 2006 年青少年学生公民教育国际论坛论文集[C], 2006, 5:385—399.

[231] 程晋宽.论人本道德教育的传统及其面临的问题[J].外国中小学教育,2003, 10:44—48.

[232] 曹能秀,王凌.论战后日本道德教育的工具化倾向[J].云南师范大学学报(哲学社会科学版),2006, 3:40—45.

[233] 裴云.美、日德育和社会课程对我国思想政治课程改革的借鉴意义[J].内蒙古师范大学学报(教育科学版),2008, 21(12):80—83.

[234] 张连.日本“道德教育”及其对我国德育工作的启示[J].淮阴师范学院学报(哲学社会科学版),2005, 21(1):132—134.

[235] 曾柏森,韦春妹.日本道德教育的历程及内容探析[J].赤峰学院学报(自然科学版),2012, 28(2):164—165.

[236] 姚舜.日本道德教育的历史沿革与特征[J].吉林省教育学院学报(学科版),2010, 26(12):219—221.

[237] 吴潜涛.日本道德教育的战后演变及其现行改革[J].道德与文

明，2001，3:44—47.
[238] 贾银兰.日本道德教育对我国德育工作的启示[J].青葱岁月，2011，10:196.
[239] 白俊.日本道德教育对我国德育教育的启示[J].传承，2010，27:54—55.
[240] 符桂芹.日本道德教育论析[J].东北亚论坛，2004，3:55—57.
[241] 饶从满.日本道德教育与现代化关系的考察[J].东北师范大学学报，2006，4:143—148.
[242] 顾元青.日本国民道德教育及其思考[J].渤海大学学报(哲学社会科学版)，2007，4:147—151.
[243] 黄颖.日本和新加坡道德教育的相似性及启示[J].理论界，2006，6:138—139.
[244] 朱玲莉.日本江户时期的平民道德教育[J].伦理学研究，2010，6:59—63.
[245] 高桐杰.日本学校德育的途径及其评价[J].教学与管理，2011，11:63—64.
[246] 那乐.日本中小学特别活动课教育的思考与启示[J].现代教育科学:小学教师，2010，6:21—23.
[247] 王丽荣，吴成钢.试论日本道德教育中的历史传统[J].中南民族大学学报(人文社会科学版)，2005，6:177—180.
[248] 赵庆光.中日不同的德育目的的思考——读王丽荣《当代中日道德教育比较研究》有感[J].语文学刊(教育版)，2011，2:140—141.
[249] 王丽荣.中日道德教育的异同[J].比较教育研究，2003，5:42—48.
[250] 侯云霞，于金秀.高校思想政治理论课教学实践与实践教学思考[J].中国特色社会主义研究，2007，2:104—108.
[251] 郑敬斌，王立仁.论思想政治教育内容体系的系统构建[J].东北师范大学(哲学社会科学版)，2012，2:14—17.

[252] 徐志远,龙宇.思想政治教育内容:现代思想政治教育学的重要范畴[J].探索,2010,4:123—127.

[253] 熊建生.思想政治教育内容的内在属性和本质要求[J].江汉论坛,2009,8:110—115.

[254] 郭聪惠.思想政治教育内容结构研究[J].求实,2008,9:81—83.

[255] 熊建生.思想政治教育内容结构研究导论[J].思想理论教育,2007,7—8:73—79.

[256] 沈壮梅.思想政治教育有效内容论[J].学校党建与思想教育,2002,1—2:34—38.

[257] 李理."去中国化"的台湾中学历史教科书编纂[J].台湾研究集刊,2008,2:26—36.

[258] 李学文. 20 世纪 90 年代台湾地区的教育改革[J].新视野,2006,2:72—74.

[259] 本刊编辑部.触目惊心:教育领域里的台独倾向[J].世界华文文学论坛,2004,4:16—19.

[260] 陈复兴.冲破巨大的蜘蛛网——读黄武雄《台湾教育的重建》[J].师道,2011,9:51—52.

[261] 姜泽华.从"实用"到"适用"——台湾教育理念的嬗变[J].长春理工大学学报(社会科学版),2007,2:79—81.

[262] 李玲玲.感受台湾教育之美——台湾教育考察散记三则[J].师道,2012,2:45—47.

[263] 黄新宪.论光复后台湾教育的历史转型[J].东南学术,2010,4:112—125.

[264] 吴仁华.论抗战胜利前夕收复台湾的教育准备[J].福建论坛(人文社会科学版),2004,10:84—88.

[265] 崔淑慧.论台湾的生命教育及其对大陆的影响[J].

[266] 张瑞林,张晓欣.内地素质教育与台湾通识教育对人才培养的比较研究[J].人才资源开发,2010,12:53—55.

[267] 陈靓.浅谈台湾的公平教育[J].传承,2011,31:70—71.
[268] 汪婉.日本殖民统治下的“同化”教育与近代“民族国家”之认同[J].抗日战争研究,2006,4:62—83.
[269] 陈小冲.日据初期台湾的书房调查及殖民地教育整编[J].台湾研究集刊,2010,4:58—66.
[270] 李淑瑞.日据台湾时期的教育本质[J].前沿观察,2011,3:98—99.
[271] 李雅儒.台湾 40 年教育简论[J].北京师范学院学报(社会科学版),1992,5:18—24.
[272] 冯灿,郭玉洁.台湾别样的素质教育——森林小学概况及启示[J].继续教育研究,2008,7:57—59.
[273] 李晓莉.台湾大学通识教育对我国大陆文化素质教育的启示[J].丽水学院学报,2008,3:48—51.
[274] 谭敏.台湾地区全人教育理念评析[J].复旦教育论坛,2008,4:24—27.
[275] 魏宗明,钟任琴.台湾高等教育“追求卓越”论述分析[J].深圳职业技术学院学报,2010,9(4):40—48.
[276] 冯增俊.台湾高等教育的世纪回眸与前瞻[J].现代大学教育,2004,5:50—55.
[277] 钟伟良.台湾高等教育国际化进程与特征研究[J].浙江海洋学院学报(人文科学版),2011,28(6):88—92.
[278] 彭予柱.台湾高等教育实习方式改革——以餐旅教育为例[J].湖南师范大学教育科学学报,2011,10(2):70—76.
[279] 林萍.台湾高校道德教育的历史沿革及启示[J].昆明理工大学学报(社会科学版),2008,8(12):101—104.
[280] 庞海芍.台湾高校的通识教育及其对大陆高校文化素质教育的启示[J].教育与职业,2010,5:22—25.
[281] 冒荣.台湾教育近年来的发展与改革[J].江苏高教,1995,3:71—73.

[282] 白艳.台湾教育理念的转变及后果[J].吉林省社会主义学院学报,2006,4:39—42.
[283] 张力.台湾教育体制概述[J].资治文摘(管理版),2010,6:151.
[284] 罗诚钢.台湾生命教育刍议[J].现代企业教育,2009,2:158—159.
[285] 唐娥,傅根生.台湾通识教育及其对大陆的启示[J].南通大学学报(教育科学版),2009,25(3):26—29.
[286] 王学风.台湾中小学公民道德教育评价[J].教育导刊,2002,8、9上半月:102—105.
[287] 黄富顺.台湾终身学习的回顾与前瞻[J].现代远程教育研究,2010,5:36—42.
[288] 崔萍.台湾重塑校园品德教育初探[J].台湾研究,2009,6:43—48.
[289] 李建兴.台湾重要教育指标的国际比较[J].海峡论坛.
[290] 杨清.威权前期台湾教育行政的转型及特点[J].广州社会主义学院学报,2011,9(1):61—64.
[291] 冯惠敏,黄明东.我国台湾地区通识教育实施策略及其启示[J].武汉大学学报(人文科学版),2006,5:646—650.
[292] 黄新宪.学人与光复初期台湾教育事业的推进[J].福州大学学报(哲学社会科学版),2011,25(1):5—12.
[293] 袁成毅,贝原.战后初期国民党在台湾的"去殖民化"教育述论[J].民国档案,2009,1:118—126.
[294] 杨晓.殖民教育语境与文化精神分裂——日占时期台湾殖民教育方针透视[J].学术研究,2001,10:114—119.
[295] 冯增俊.中国台湾高等学校通识教育探析[J].比较教育研究,2003,12:38—43.
[296] 冯增俊.中国台湾中小学课程世纪变革探析[J].教育科学,2005,2:26—29.

二、学位论文

[1] 胡林英.论生活与德育目的[D].济南:山东师范大学,2000.

[2] 贺伟.论塑造理想的道德人格——关于德育目的的思考[D].济南:山东师范大学,2000.

[3] 冯立刚.全球化进程中德育目的的价值取向[D].石家庄:河北师范大学,2009.

[4] 成瑶.高校第二课堂人才培养模式研究[D].西安:西北农林科技大学,2010.

[5] 贺永锋.新时期高校第二课堂的思想政治教育功能研究[D].杭州:杭州师范大学,2010.

[6] 魏蕾.基于第二课堂的大学生素质培养体系研究——以昆明理工大学为例[M].昆明:昆明理工大学,2009.

[7] 刘立慧.高校隐性思想政治教育研究[D].北京:中国矿业大学,2011.

[8] 郝美英.国外社区教育的成功经验及其对我国的启示[D].石家庄:河北师范大学,2010.

[9] 刘佳.美国新品格教育对我国未成年人道德教育的启示[D].桂林:广西师范学院,2010.

[10] 高彦文.中美中小学教育现状的比较研究[D].武汉:华中师范大学,2001.

[11] 彭建国.增强高校思想政治教育吸引力问题研究[D].长沙:湖南师范大学,2011.

[12] 刘烨.现代思想政治教育过程研究[D].武汉:武汉大学,2004.

[13] 黄永宜.网络思想政治教育理论研究[D].重庆:西南大学,2011.

[14] 李敏.美国教育政策问题研究——以20世纪80年代以来基础教育政策为例[D].上海:华东师范大学,2006.

[15] 屠莉娅.课程改革政策过程:概念化、审议、实施与评价——国际经验与本土案例[D].上海:华东师范大学,2009.

[16] 胡玉萍.教育文化与学校教育——多元文化背景下的少数民族教育发展不平衡研究[D].北京:中央民族大学,2005.
[17] 陶红.教育价值观的研究——关于教育的哲学思考[D].长春:吉林大学,2005.
[18] 高迎爽.法国高等教育质量保障历史研究(20 世纪 80 年代至今)——基于政府层面的分析[D].上海:华东师范大学,2010.
[19] 袁文斌.当代中国榜样教育研究[D].石家庄:河北师范大学,2010.
[20] 卢晓中.当代世界高等教育理念及对中国的影响[D].厦门:厦门大学,2001.
[21] 杨婷.榜样教育研究[D].武汉:武汉大学,2010.
[22] 傅琳凯.中国古代思想政治教育史研究[D].长春:东北师范大学,2011.
[23] 徐丽曼.高校思想政治教育实践育人模式研究[D].大连:辽宁师范大学,2009.
[24] 卢明霞.中国孝德教育的历史与变革[D].长春:东北师范大学,2010.
[25] 王艳秋.高校隐性思想政治教育课程论[D].武汉:华中师范大学,2007.
[26] 刘顺厚.研究生德育绩效及其评价[D].上海:复旦大学,2004.
[27] 董世军.现代思想政治教育载体论[D].长春:吉林大学,2008.
[28] 陈艳红.思想政治教育与通识教育结合刍论[D].上海:复旦大学,2009.
[29] 胡凯.思想政治教育生活化研究[D].上海:复旦大学,2007.
[30] 韦冬雪.思想政治教育过程矛盾和规律研究[D].重庆:西南大学,2008.
[31] 唐汉卫.生活:道德教育的基础[D].济南:山东师范大学,2003.
[32] 陈哲.毛泽东的马克思主义理论教育思想研究[D].武汉:武汉大学,2007.

[33] 范树成.德育过程论[D].长春:东北师范大学,2004.
[34] 钱超.论民意表达[D].上海:复旦大学,2008.
[35] 周宏.论德育的社会心理环境[D].上海:复旦大学,2009.
[36] 刘军.阶层文化的冲突与整合[D].上海:复旦大学,2008.
[37] 吴琼."文本"到"人本"——高校思想政治教育范式转换研究[D].上海:复旦大学,2007.
[38] 付宏.从国家公民到世界公民:美国公民教育目标的转向[D].武汉:华中师范大学,2011.
[39] 王连义.公民教育的政治取向研究——以美国为例[D].长春:东北师范大学,2006.
[40] 曹润花.美国公民教育之评析[D].成都:电子科技大学,2007.
[41] 解语.全球化背景下的美国学校公民教育研究[D].长沙:湖南师范大学,2010.
[42] 孙文红.文化视野下美国公民教育的发展历程[D].济南:山东师范大学,2009.
[43] 白彦琴.消费主义文化特点解析——对美国公民教育的影响分析[D].上海:上海大学,2010.
[44] 戴巍.高校思想政治教育以人为本价值取向研究[D].北京:中国矿业大学,2011.
[45] 封静.高校思想政治教育内容体系研究[D].焦作:河南理工大学,2011.
[46] 李辽宁.当代中国思想政治教育意识形态功能研究[D].武汉:华中师范大学,2006.
[47] 郑自立.当代中国马克思主义大众化视阈中的大学生思想政治教育研究[D].长沙:湖南师范大学,2011.
[48] 田庆军.大学生思想政治教育社会化研究[D].沈阳:辽宁大学,2010.
[49] 张雅晶.日据时期台湾殖民地教育之研究——以学校教育为中心[D].天津:南开大学,2006.

[50] 唐光燕.台湾二十一世纪初国民中学实施社会科课程统整的适切性之研究[D].广州:华南师范大学,2002.

[51] 贝原.台湾光复初期的“去殖民化”教育研究[D].杭州:杭州师范学院,2006.

[52] 吴仁华.台湾光复初期教育转型研究(1945—1949)[D].福州:福建师范大学,2007.

[53] 南志涛.台湾生命教育探究[D].开封:河南大学,2007.

[54] 张庆涛.台湾学校道德教育内容的变化及特点分析[D].北京:首都师范大学,2011.

[55] 聂琳燕.台湾私立高等教育法规研究[D].厦门:厦门大学,2006.

[56] 李艳.台湾地区中小学生命教育研究与启示[D].上海:华东师范大学,2006.

[57] 杨李娜.台湾的大学入学考试制度研究[D].厦门:厦门大学,2003.

[58] 匡杨宏.海峡两岸中小学道德教育之比较[D].北京:首都师范大学,2000.

[59] 王建英.当代台湾学校公民教育透视[D].北京:首都师范大学,2011.

三、专著

[1] (美)约翰·杜威著,薛绚译.民主与教育[M].南京:凤凰出版传媒股份有限公司、译林出版社,2012.

[2] (美)艾伦·C.奥恩斯坦,(美)弗朗西斯·P.汉金斯.课程论:基础、原理和问题(第五版)[M].北京:中国人民大学出版社,2010.

[3] 余文森,洪明等编著.课程与教学论[M].福州:福建教育出版社,2011.

[4] (美)亚瑟·M.科恩,(美)卡丽·B.基思克,梁燕玲译.美国高等教育的历程[M].北京:教育科学出版社,2012.

[5] (美)A.班杜拉，林颖译.思想和行动的社会基础——社会认知论[M].上海：华东师范大学出版社，2001.

[6] (美)伍尔福克著，何先友译.教育心理学：第十版[M].北京：中国轻工业出版社，2008.

[7] (英)斯宾塞著，胡毅等译.斯宾塞教育论著选[M].北京：人民教育出版社，2004.

[8] (英)乔伊·帕尔默主编，任钟印等译.教育究竟是什么？100位思想家论教育[M].北京：北京大学出版社，2008.

[9] (英)约翰·洛克著，傅任敢译.教育漫话[M].北京：教育科学出版社，1999.

[10] L.A.珀文著，周榕等译.人格科学[M].上海：华东师范大学出版社，2001.

[11] 顾海良，佘双好.高校思想政治理论课程教学改革研究[M].武汉：武汉大学出版社，2006.

[12] 刘长海.杜威德育思想与中国德育变革[M].武汉：华中科技大学出版社，2008.

[13] 张建文.思想政治课程与教学论[M].北京：人民出版社，2008.

四、其他

[1] 廉兮.从个人到公共：台湾教育改革中教师觉醒的旅程.

[2] 姜添辉.全球化体系下台湾高等教育面对教育资本化与在地化的挑战.

后　记

论文写到这里停下，这一阶段的研究工作告以段落。但是，研究本身对我的影响已经深深的刻进我的生命里。在论文写作的过程中，似乎经历了一场彻底的洗礼，这项研究内容和我十年的工作息息相关，对每一个现实情况的梳理过程都是对我这十年工作的仔细回顾，而针对这些情况的问题分析都那么清晰的回放了这个过程中困惑和困难，寻找理论阐释和提升的过程更是一个给自己答疑解惑的过程。巧合的是，从研究开始到写就的过程正好契合了我从一个工作岗位转换到另一个工作岗位的过程，所以研究的告以段落就似乎是我职业生涯的一个小小的顿号，伴随着身份的转换能够以更加通透的心情去审视以前现实的工作。

同样，在写作的过程中，经历了大量文献搜索和阅读的过程，这样一个过程不但逼迫我自己深入到文本当中寻找现实问题的答案，更促使自己用一种学术的视角去拨开现实的迷雾，深入到问题的最根本的部分探究解决之道。这样一个过程是漫长而又短暂的，对于一个忙于事务性工作的人来说，能够静下心来，深入这样一个写作的过程，我非常珍惜。

当然，研究最终的完成要感谢很多人的帮助和宽容。

感谢我最尊敬的导师邱柏生教授，从我硕士求学阶段他就开始指导我论文的写作，直到我博士毕业，他都用极大的耐心给予我最有力的帮助，他对知识的吸收和理解深深的震撼着我，他对工作的热情深深的影响着我，他对学生的爱护更深深的激励着我，让我能够鼓起最大的勇气不断追求在学术上的继续耕耘。

感谢我最亲爱的父母,他们总是付出最无私爱。尤其在最后集中写作的几个月里面,他们是我最坚强的保障。

最后要感谢的是我的爱人和儿子,在每一个加班写作的夜晚,为我留一盏温暖的灯。尤其是那个小小的男孩,在似懂非懂之间鼓励妈妈要坚持下去,告诉妈妈他可以忍住不要妈妈的陪着玩,要帮助妈妈完成工作,还要妈妈好好休息,正是这个小小的宝贝带给我发自内心的力量,要给他一个榜样,在任何时候都坦然的面对难题。希望我们能够一起幸福的成长。

图书在版编目(CIP)数据

高校思想政治教育第二课堂建设研究/梅鲜著.—
上海:上海三联书店,2023.1
ISBN 978-7-5426-7880-5

Ⅰ.①高… Ⅱ.①梅… Ⅲ.①高等学校-思想政治教
育-研究-中国 Ⅳ.①G641

中国版本图书馆 CIP 数据核字(2022)第 194850 号

高校思想政治教育第二课堂建设研究

著　者/梅　鲜

责任编辑/殷亚平
装帧设计/一本好书
监　制/姚　军
责任校对/王凌霄

出版发行/上海三联书店
(200030)中国上海市漕溪北路 331 号 A 座 6 楼
邮　箱/sdxsanlian@sina.com
邮购电话/021-22895540
印　刷/上海惠敦印务科技有限公司

版　次/2023 年 1 月第 1 版
印　次/2023 年 1 月第 1 次印刷
开　本/640mm×960mm　1/16
字　数/180 千字
印　张/13.5
书　号/ISBN 978-7-5426-7880-5/G・1656
定　价/68.00 元